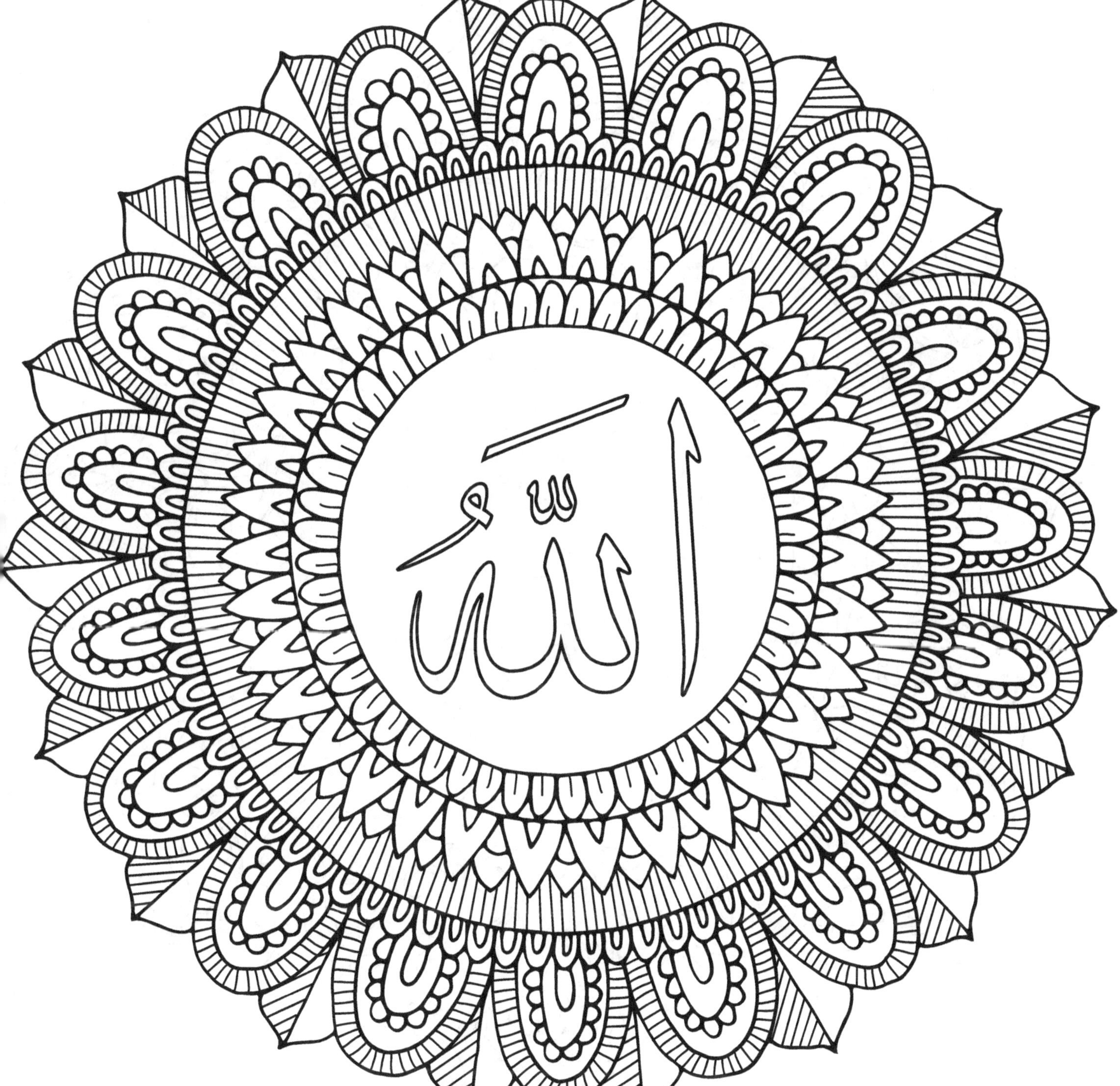
الله

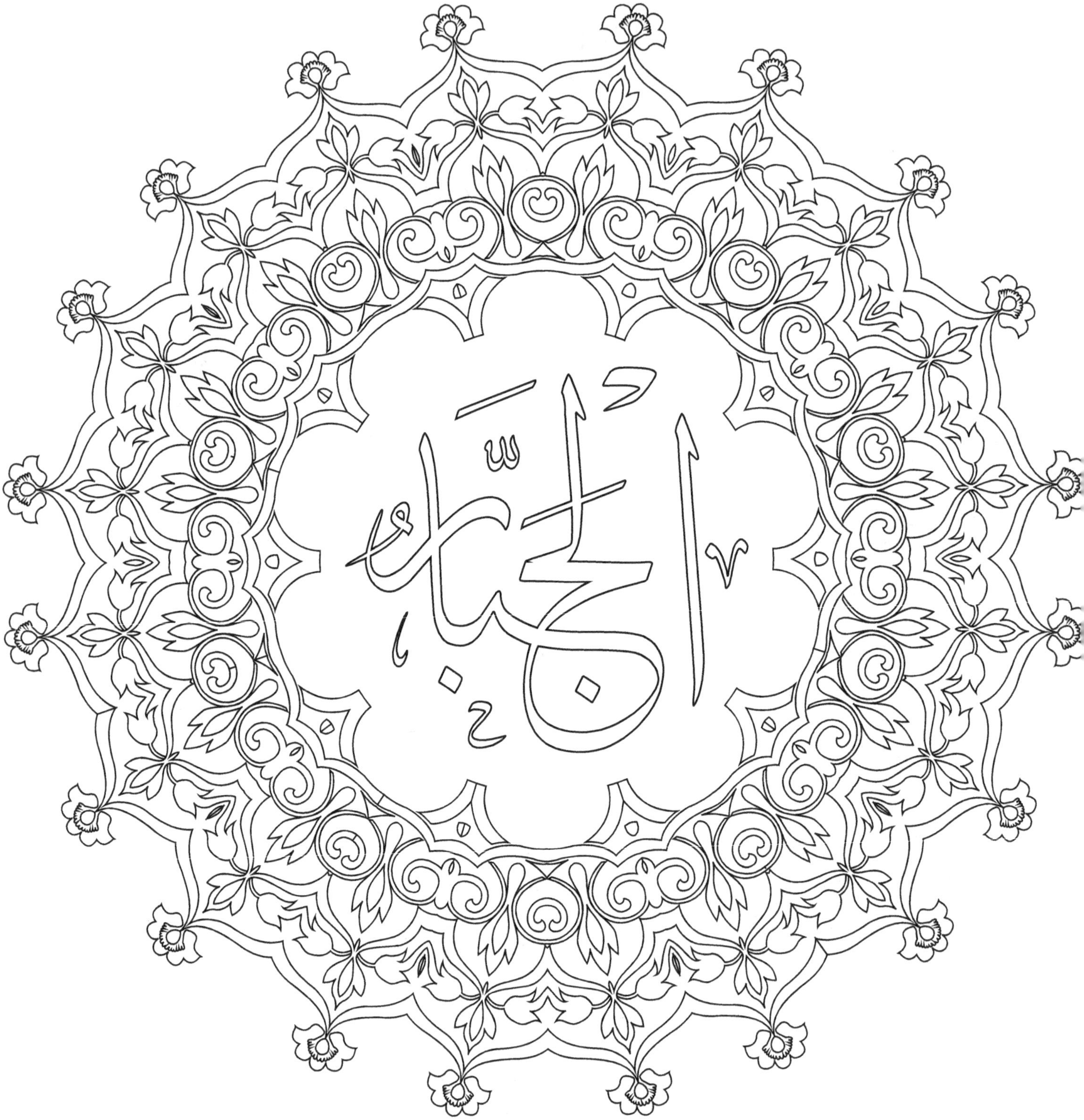
الجبار

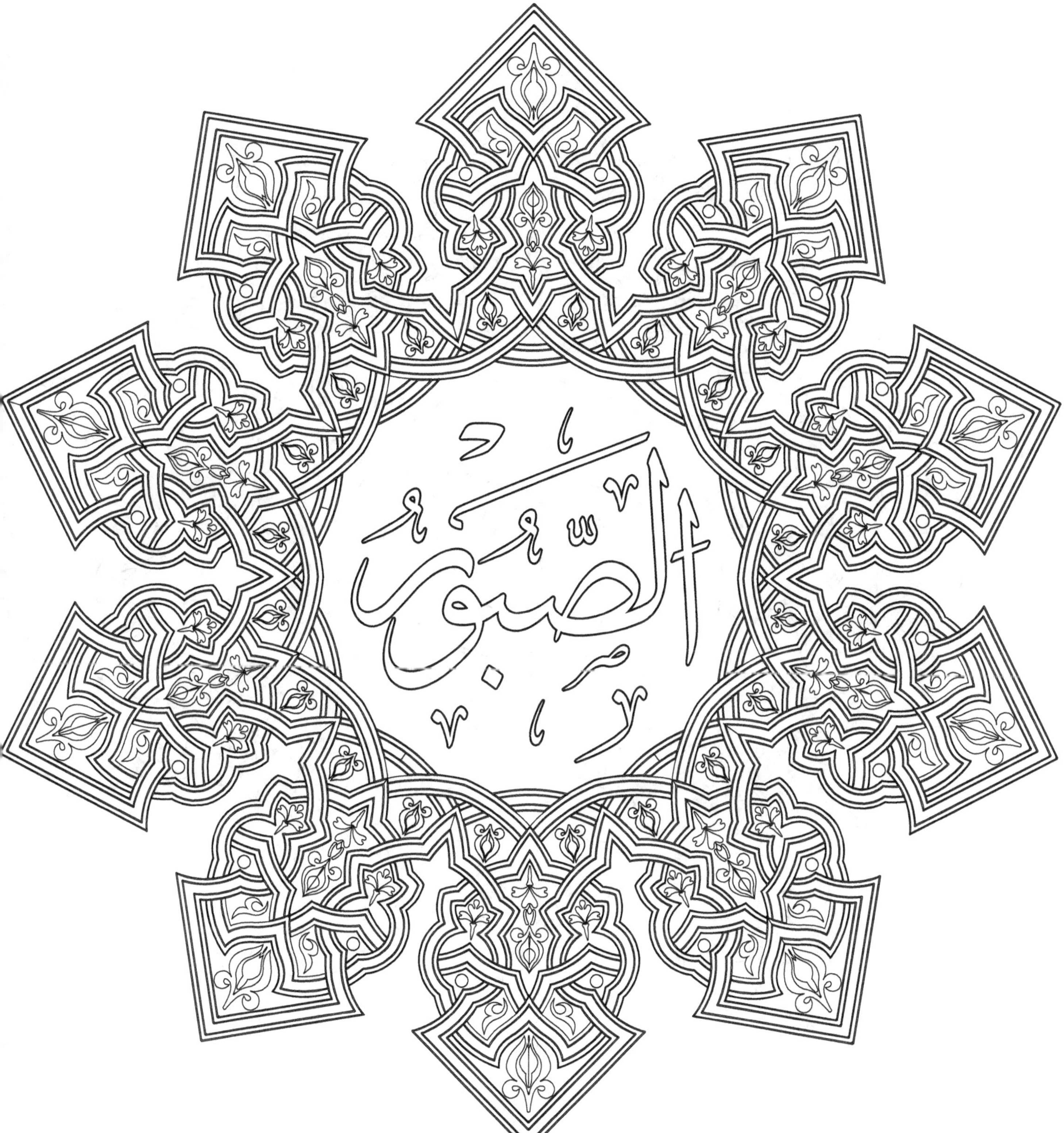
الصَّبُورُ

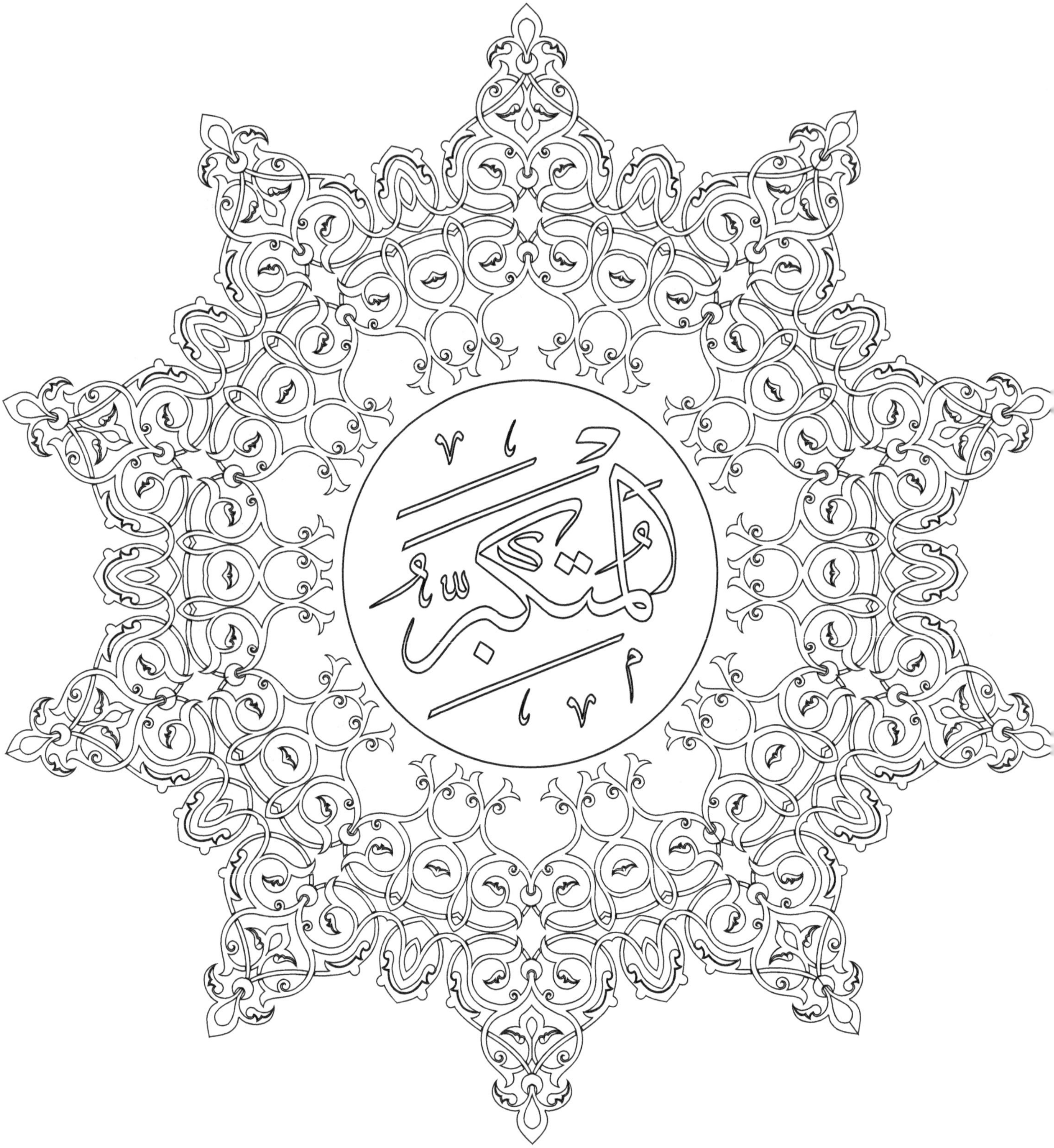
المتكبر

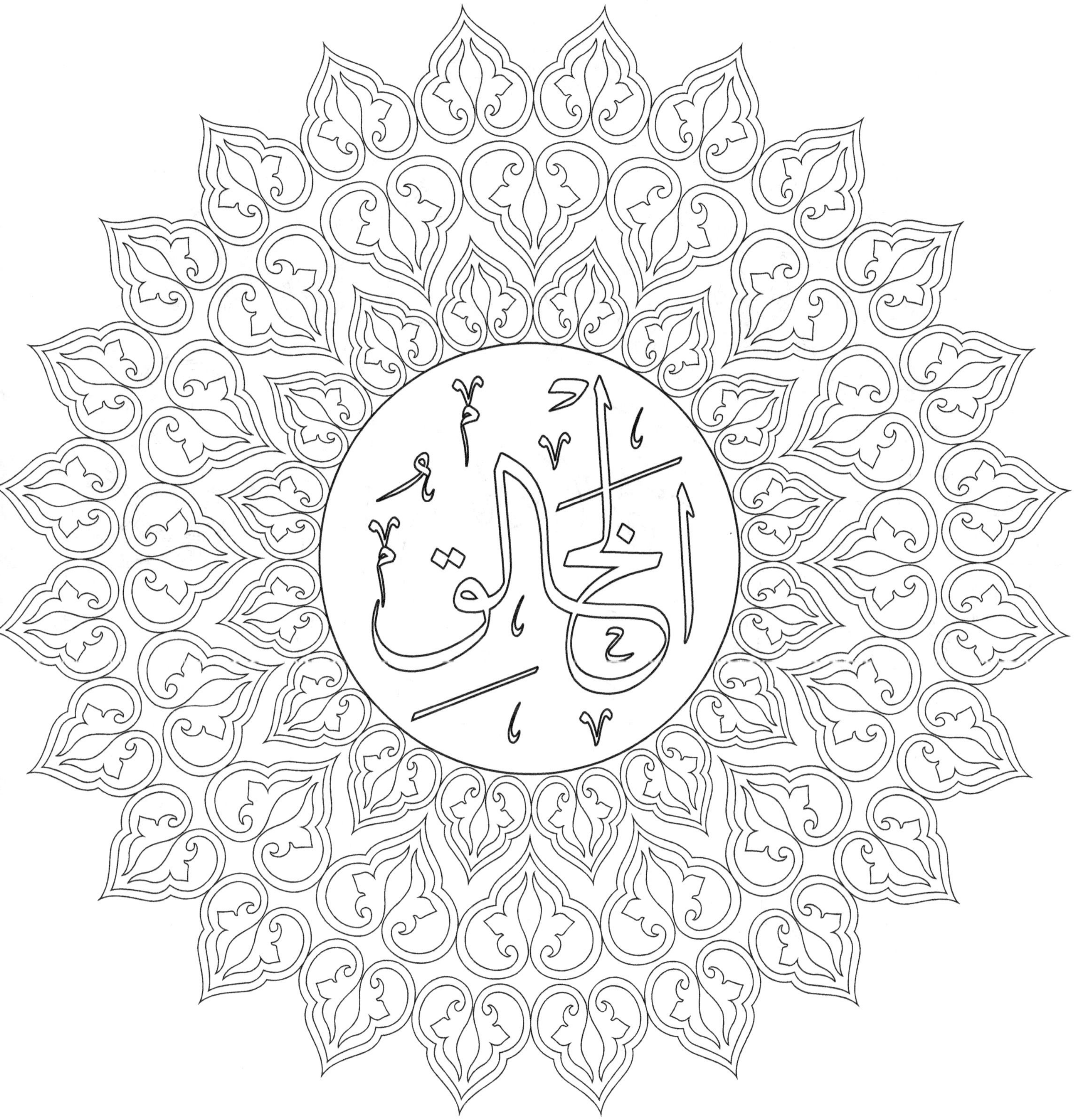
الخالق

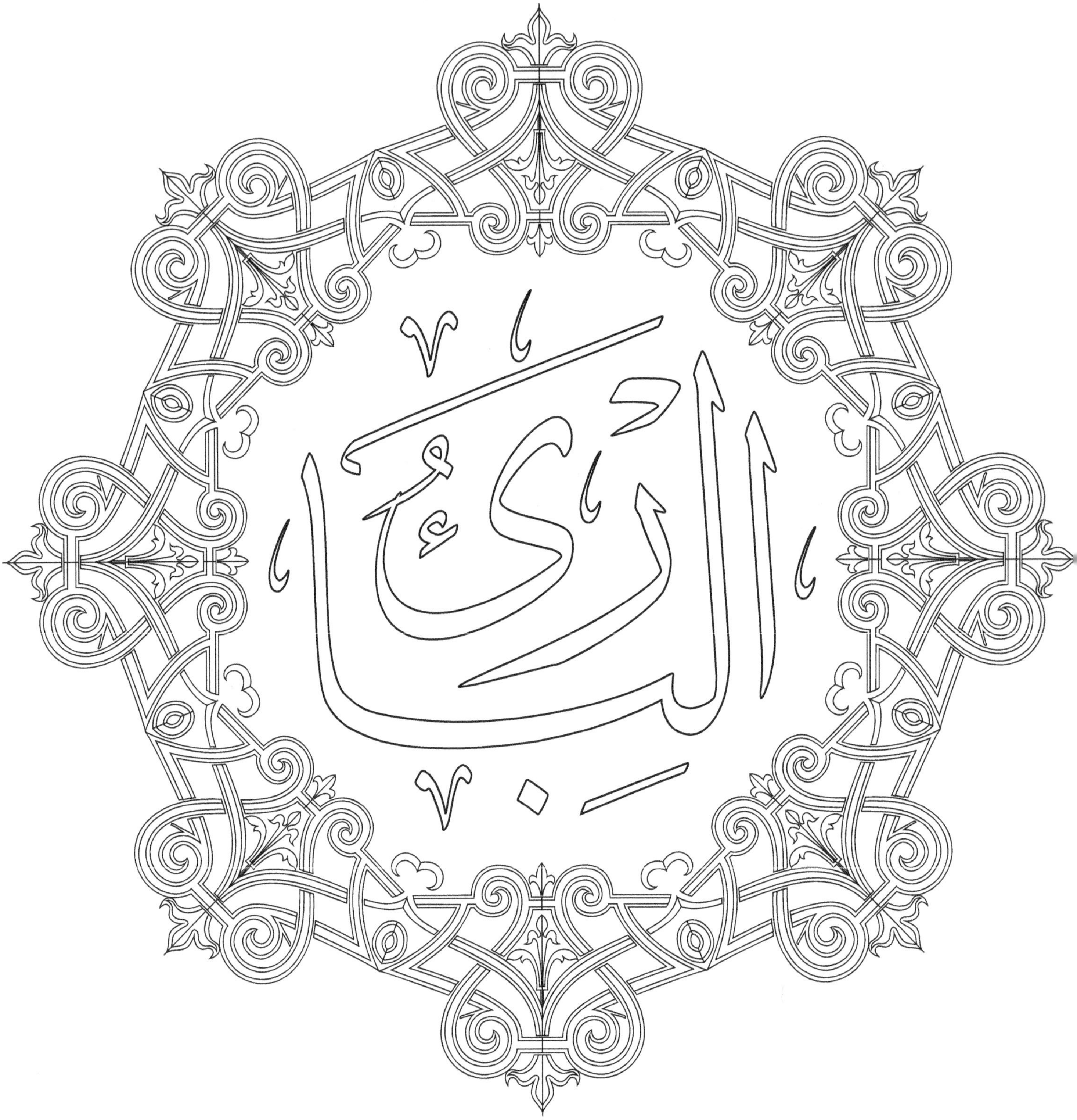
البارئ

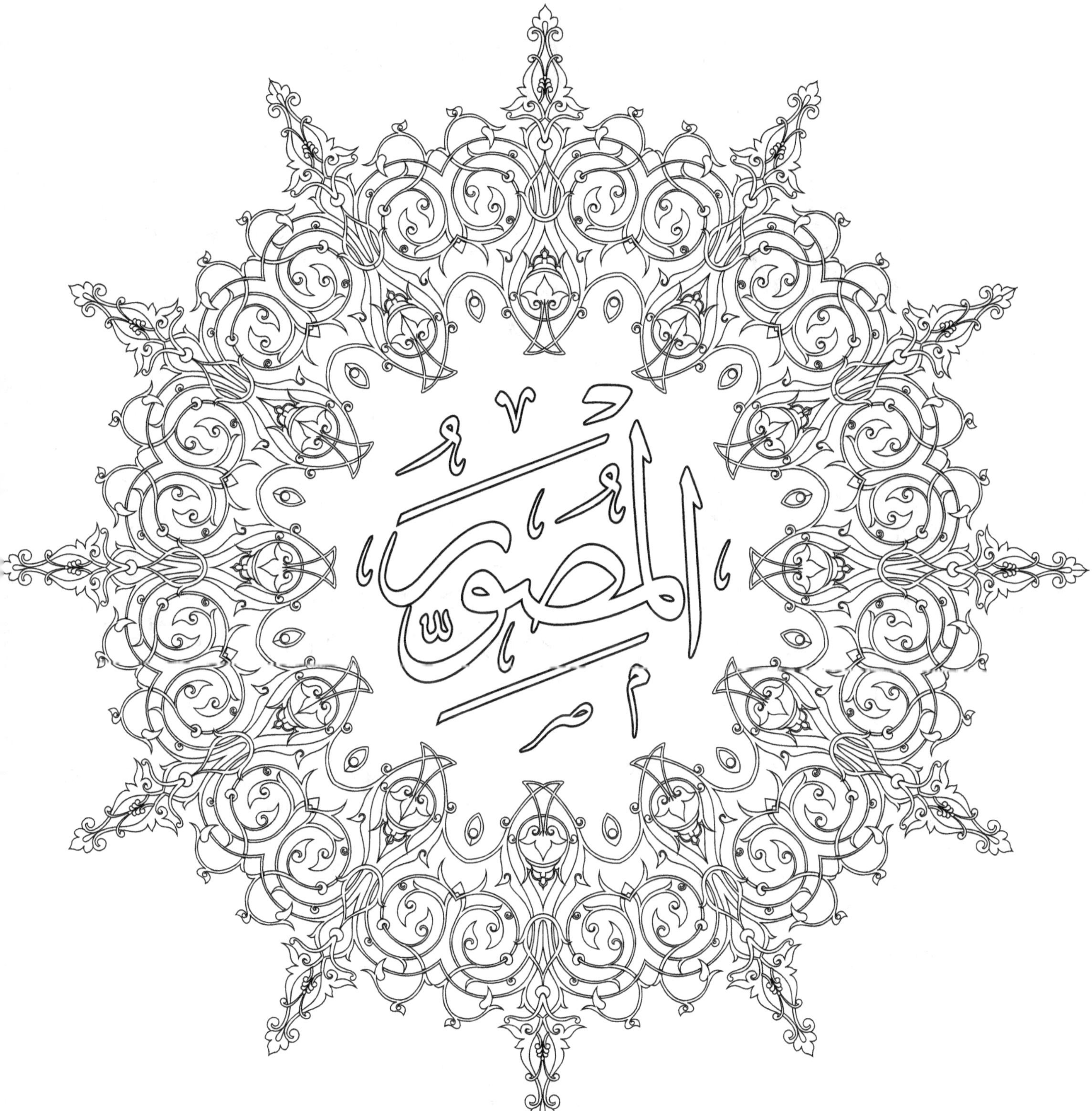
المصور

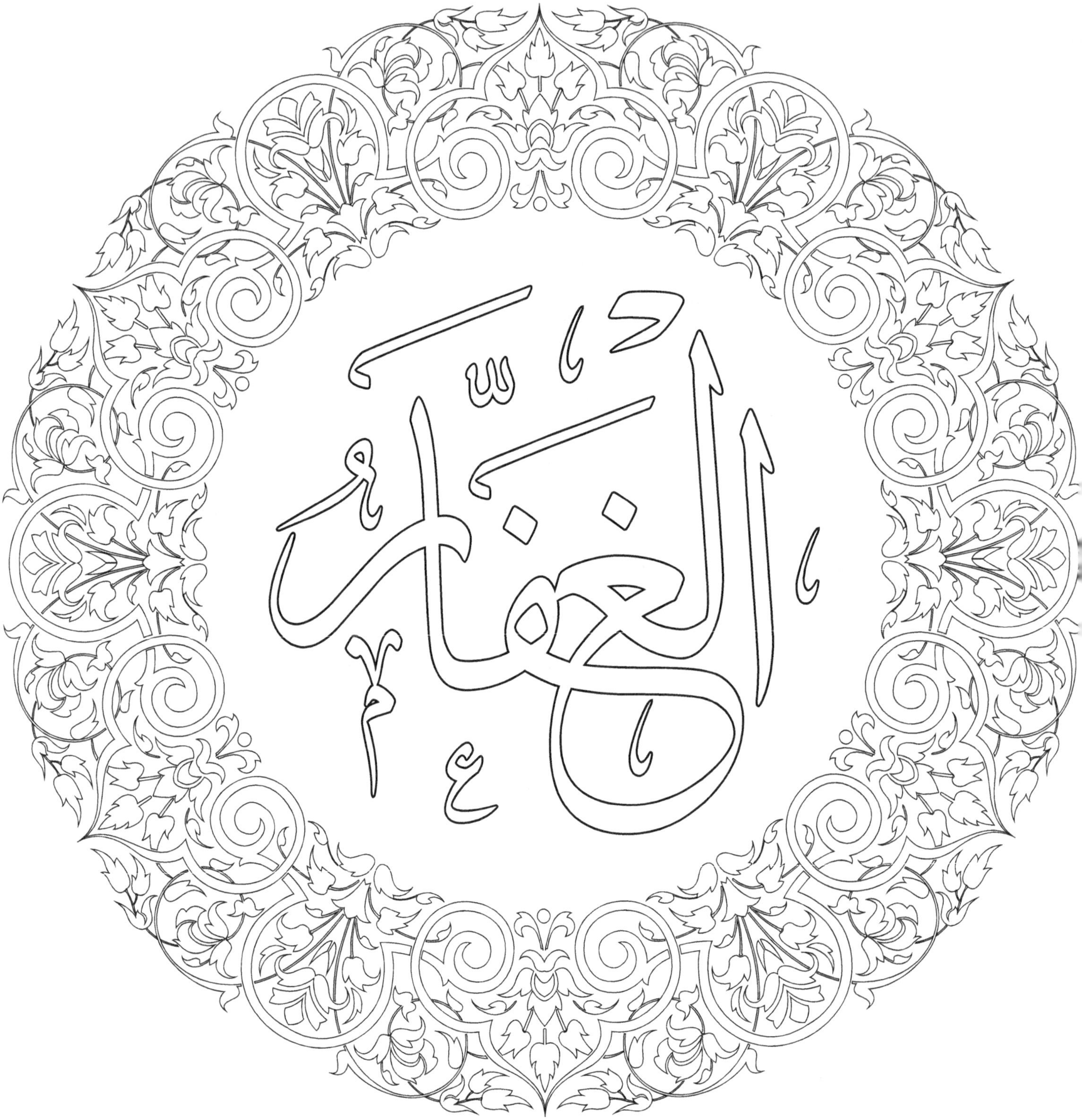
الغفار

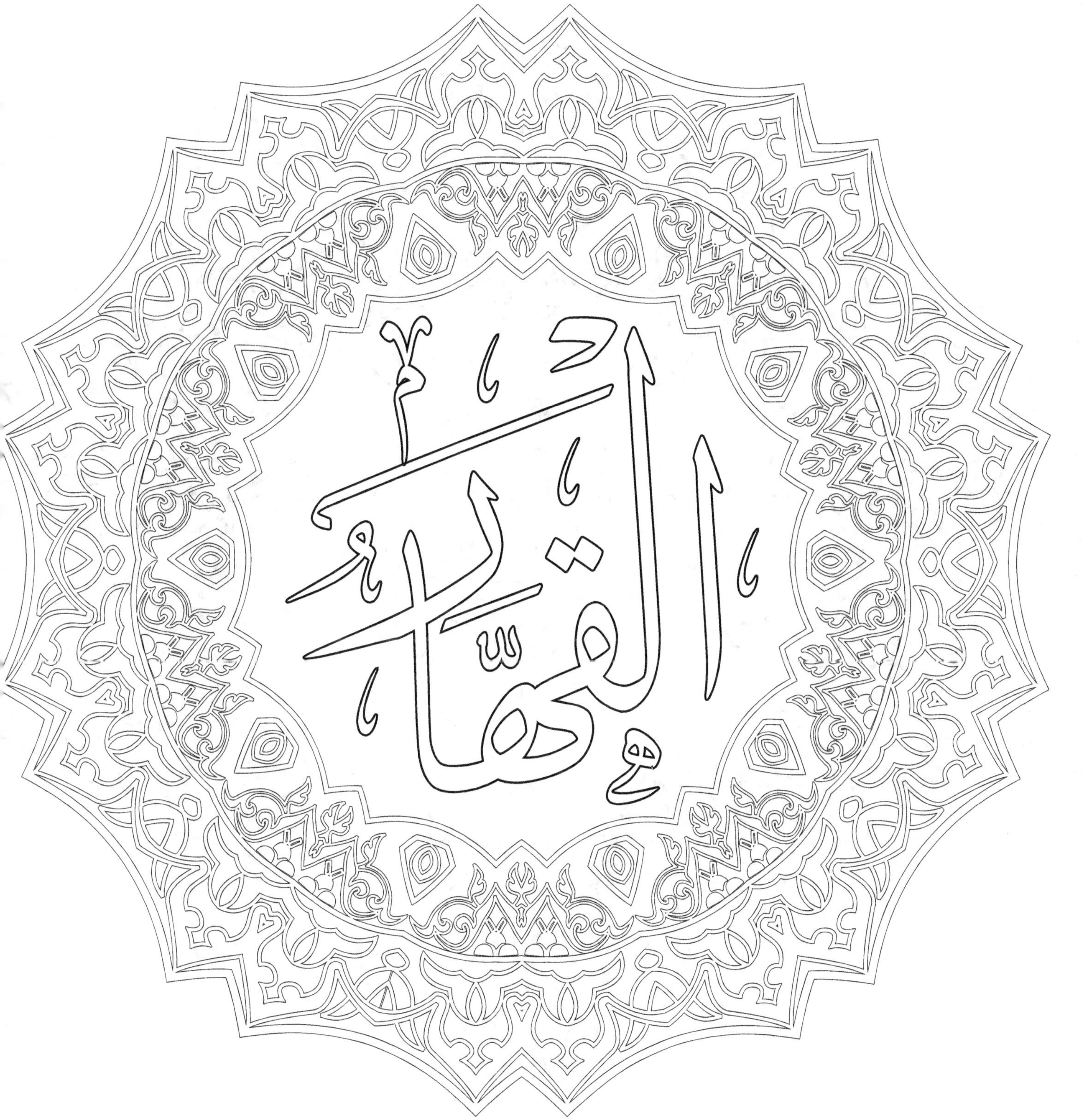
القهّار

الوهاب

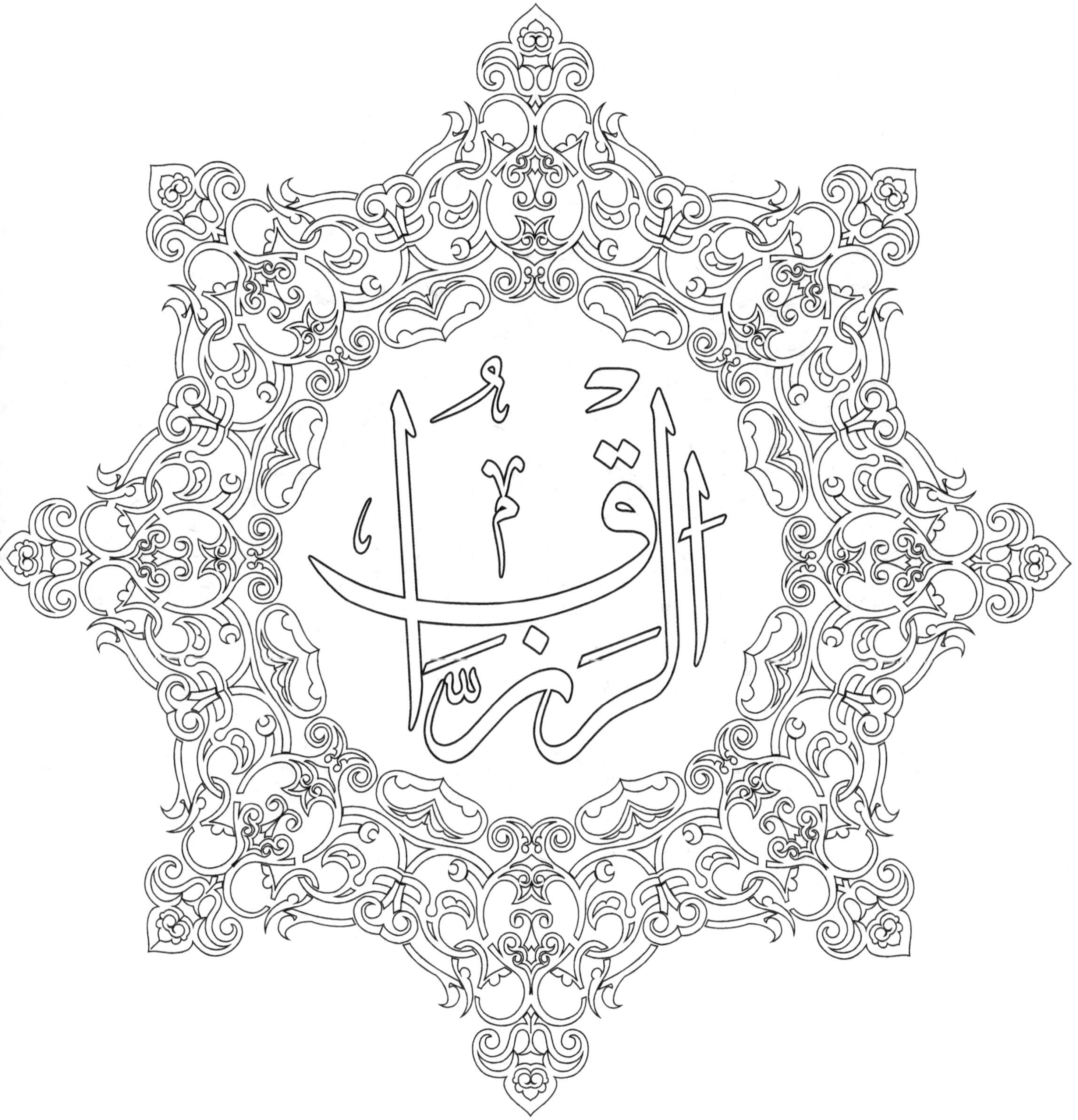
الزهراء

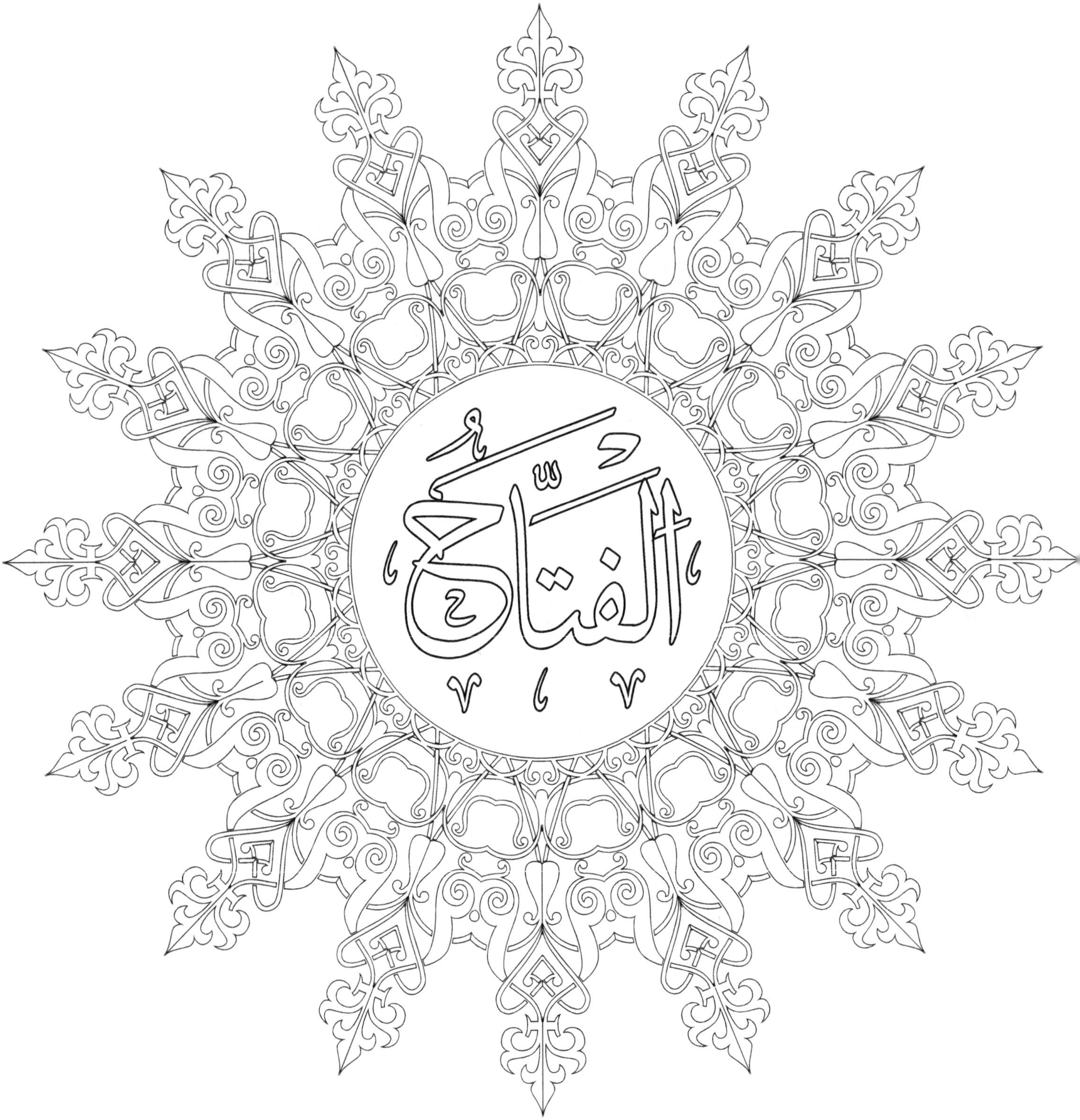
الفتاح

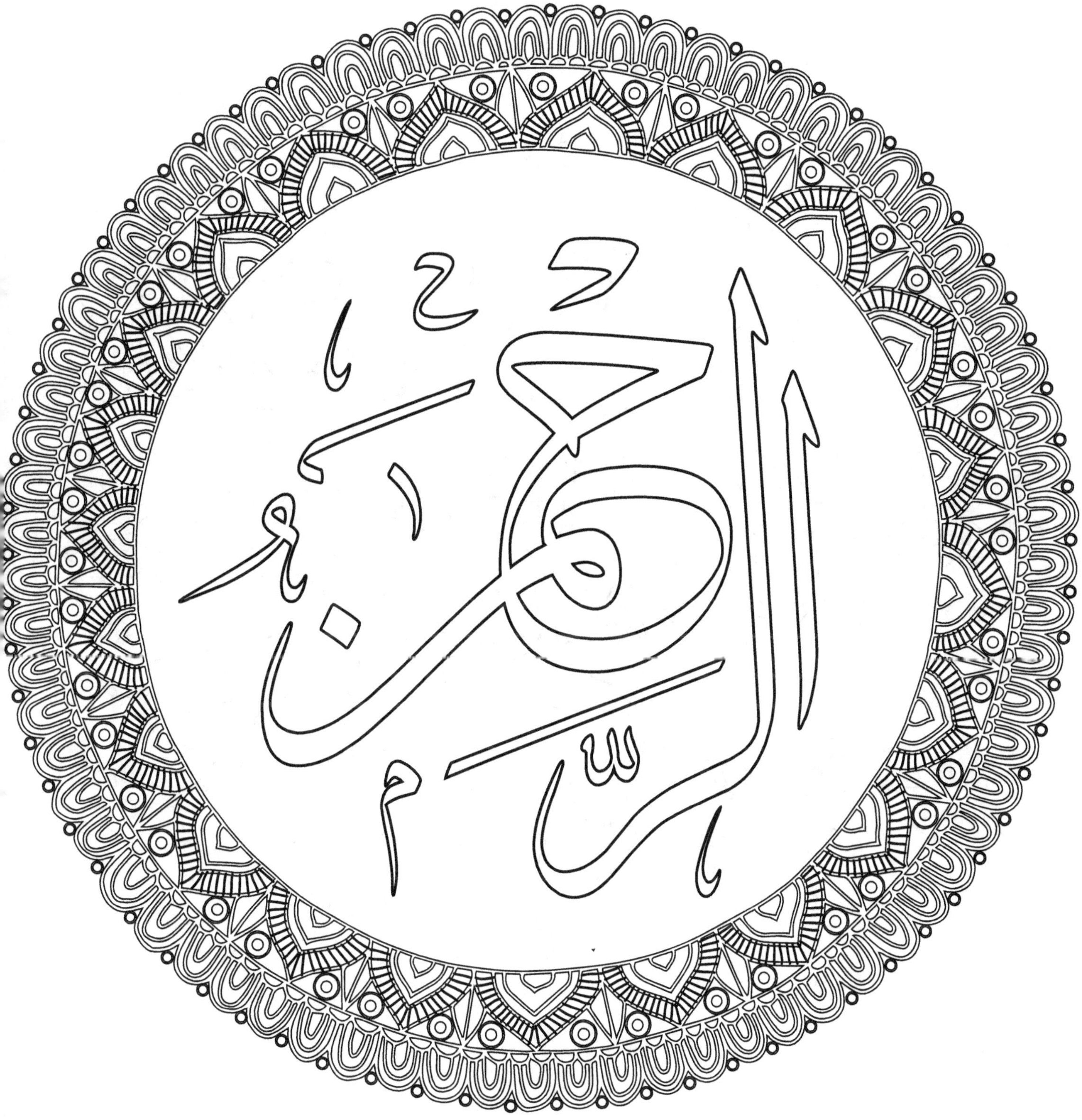
الرحمن

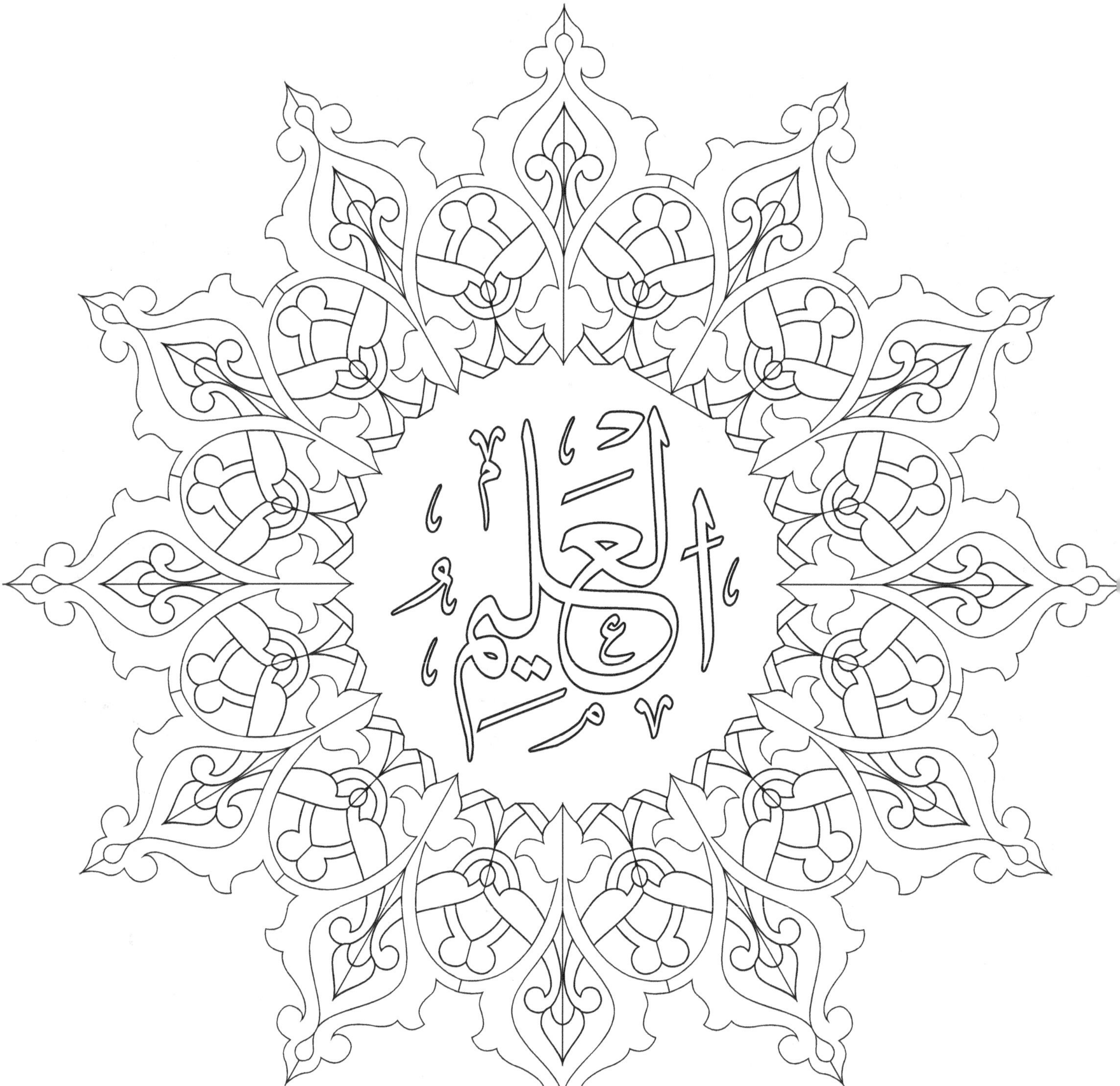
العليم

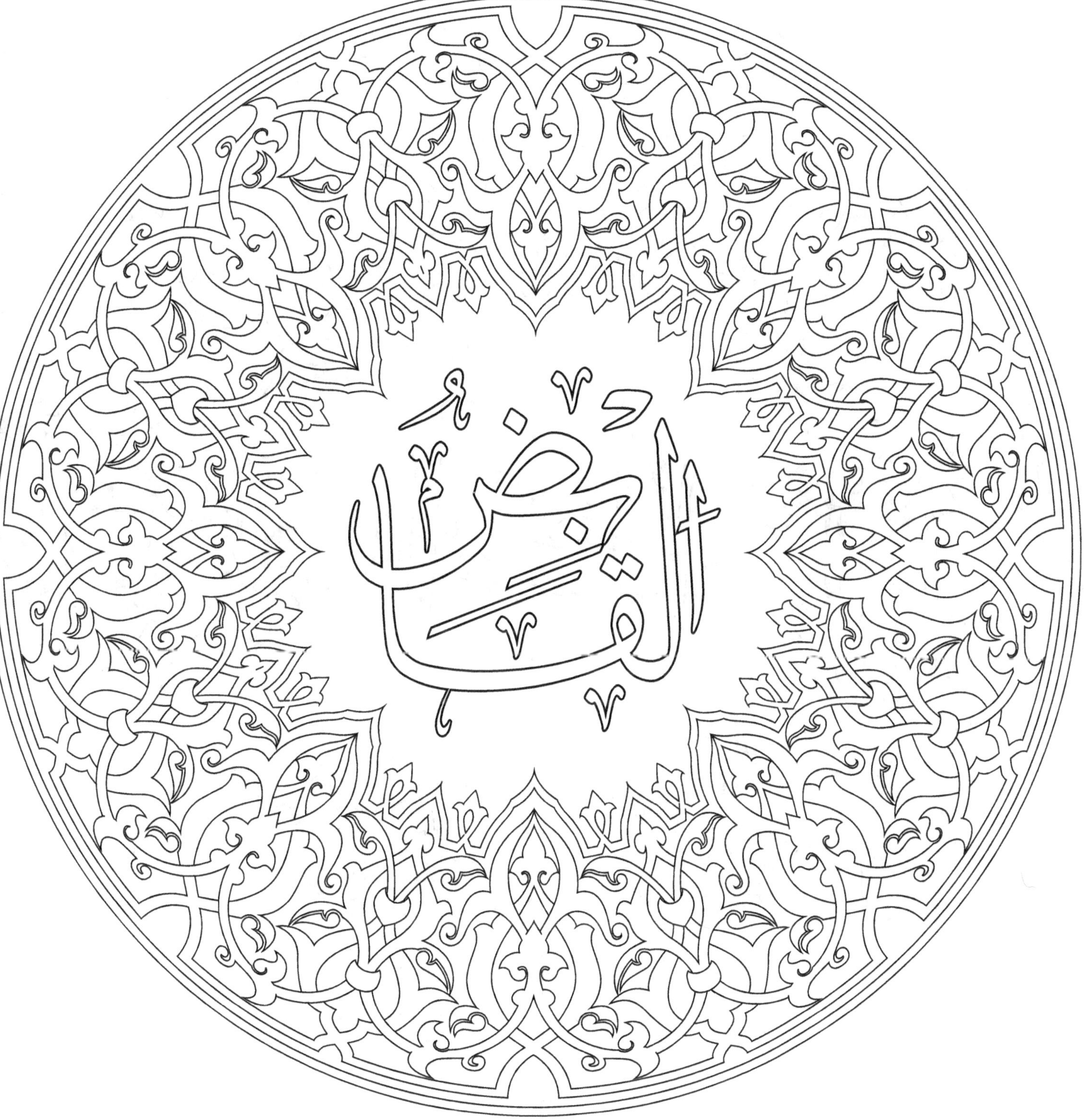
القابض

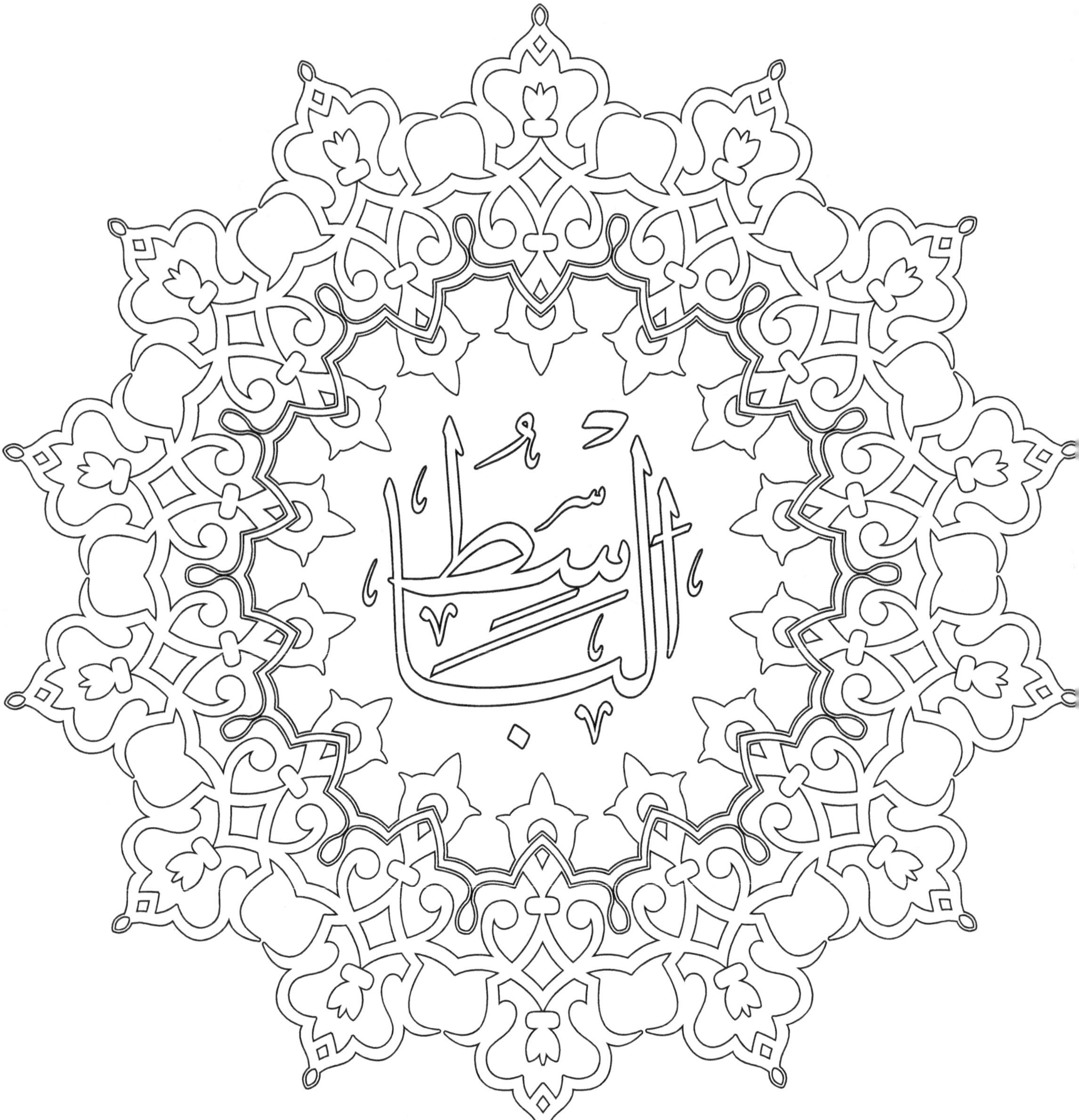
الباسط

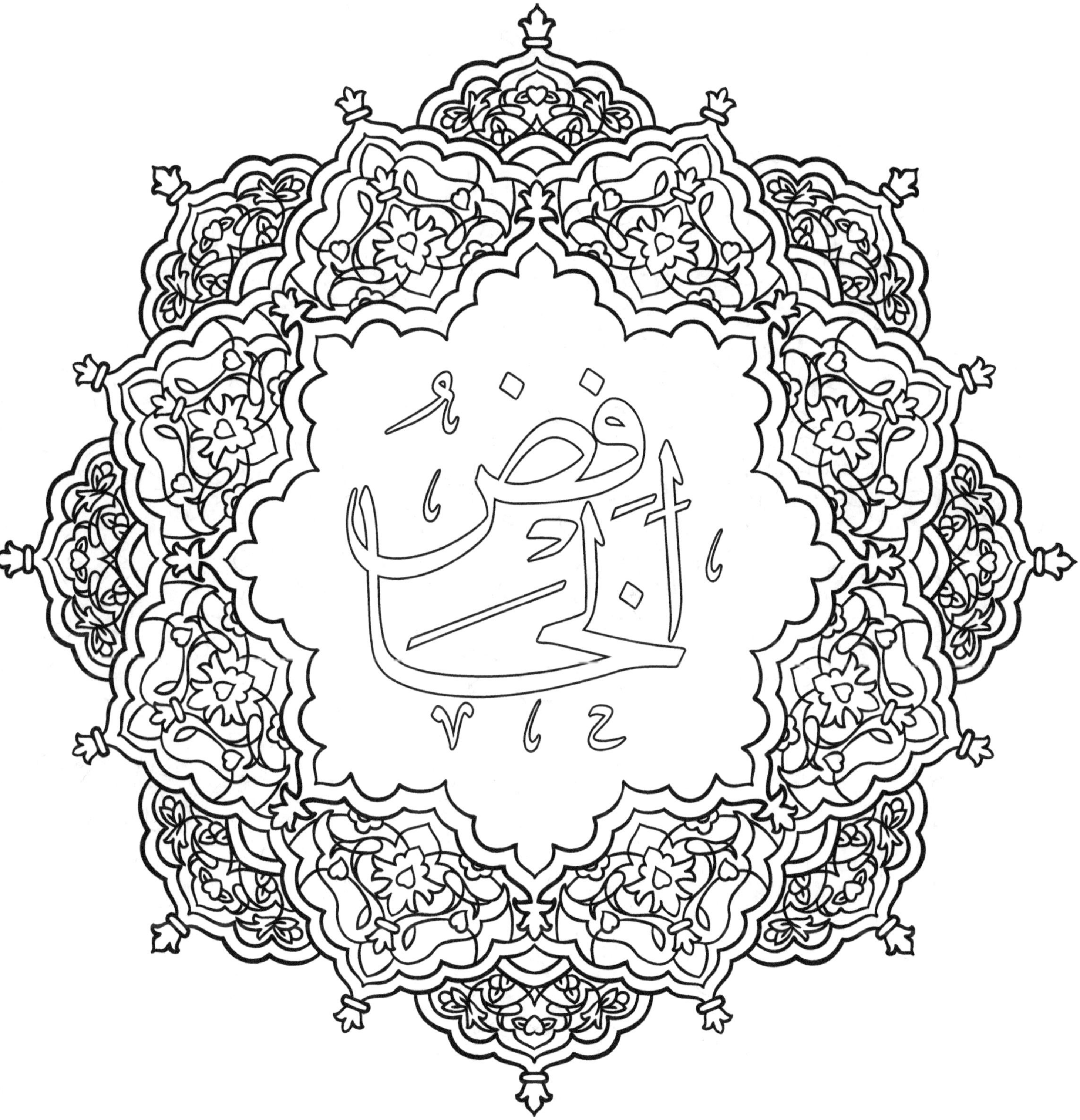

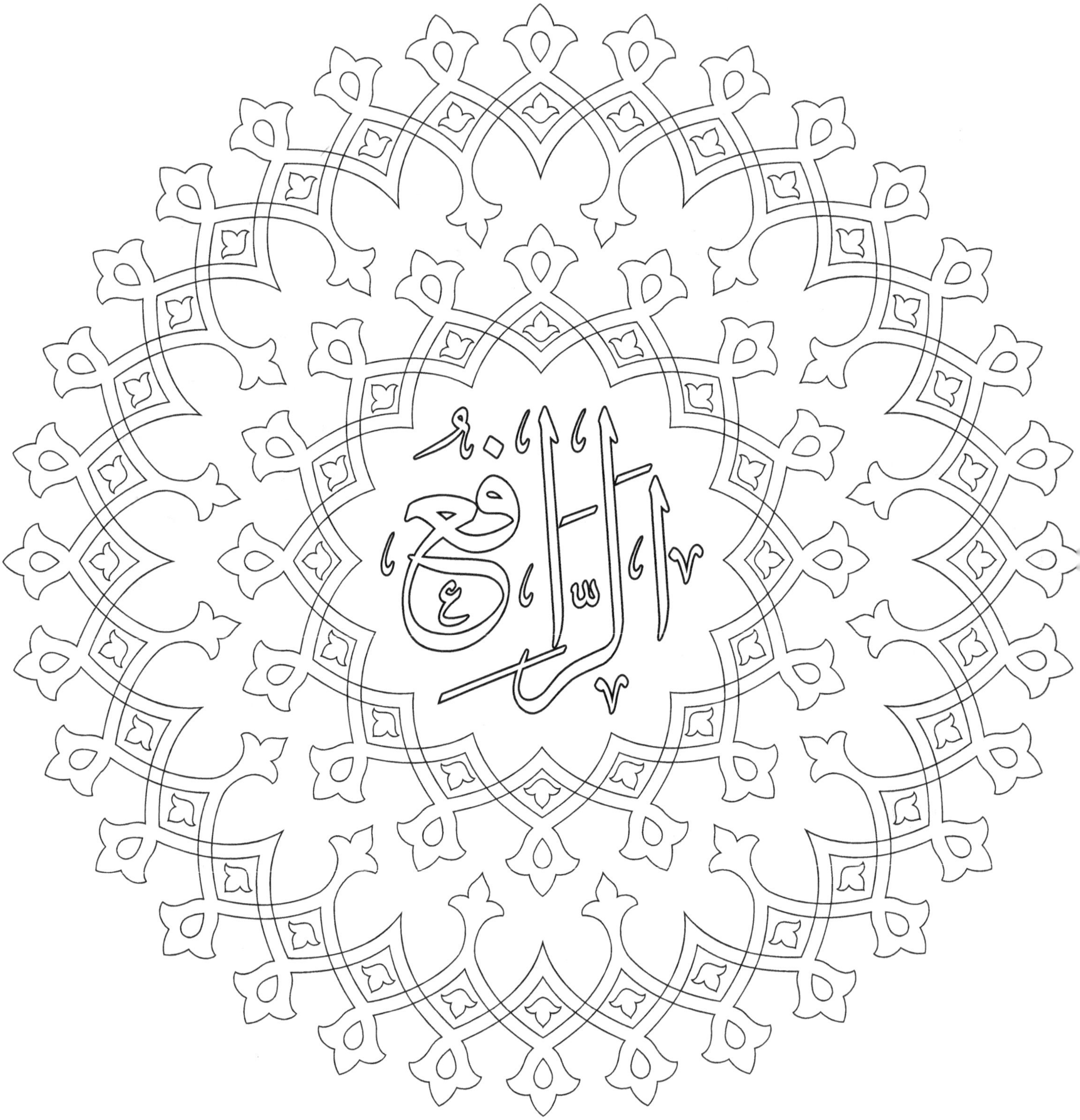
الرافع

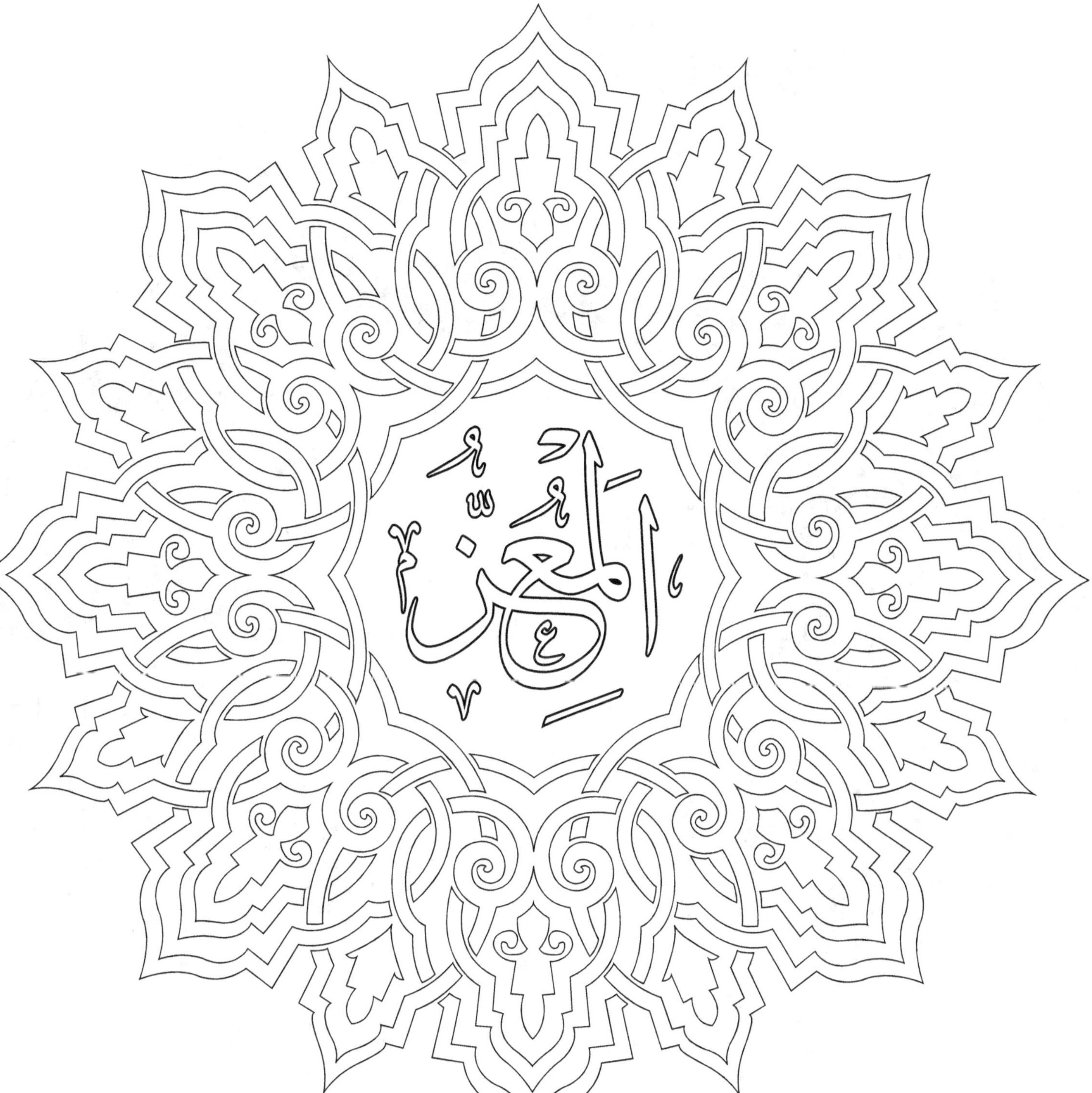
المُعِزُّ

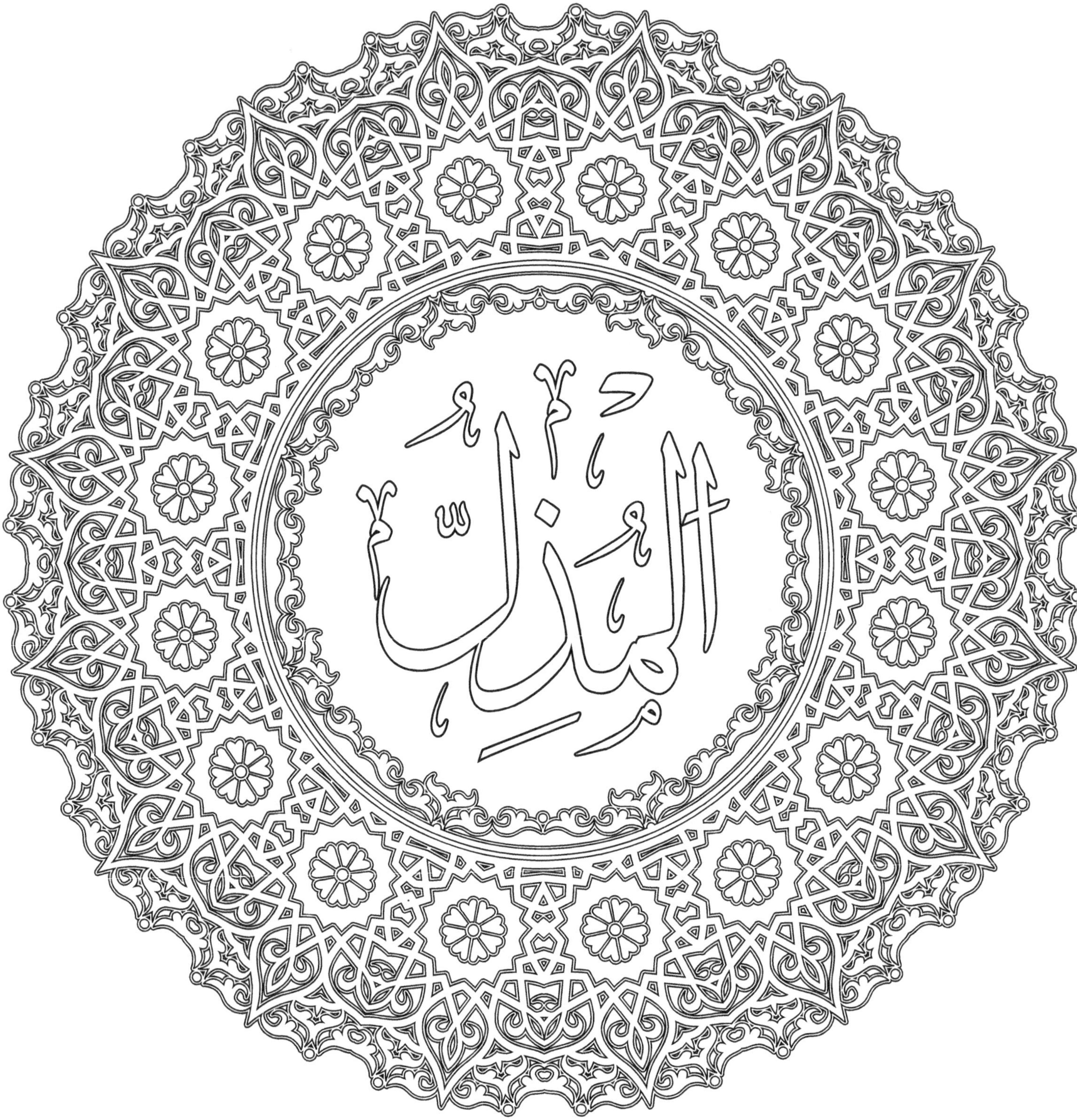
المُذِلُّ

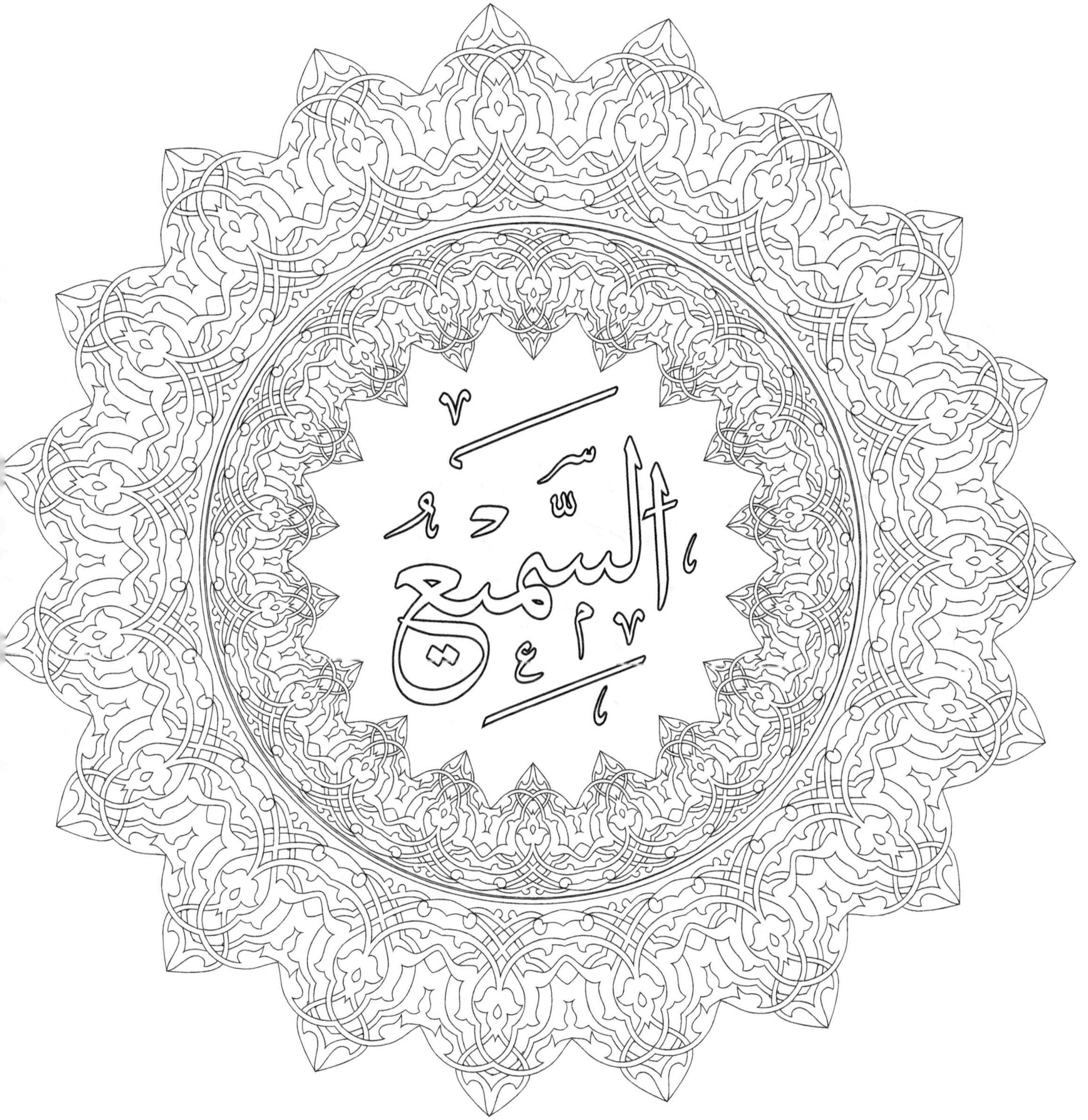
السميع

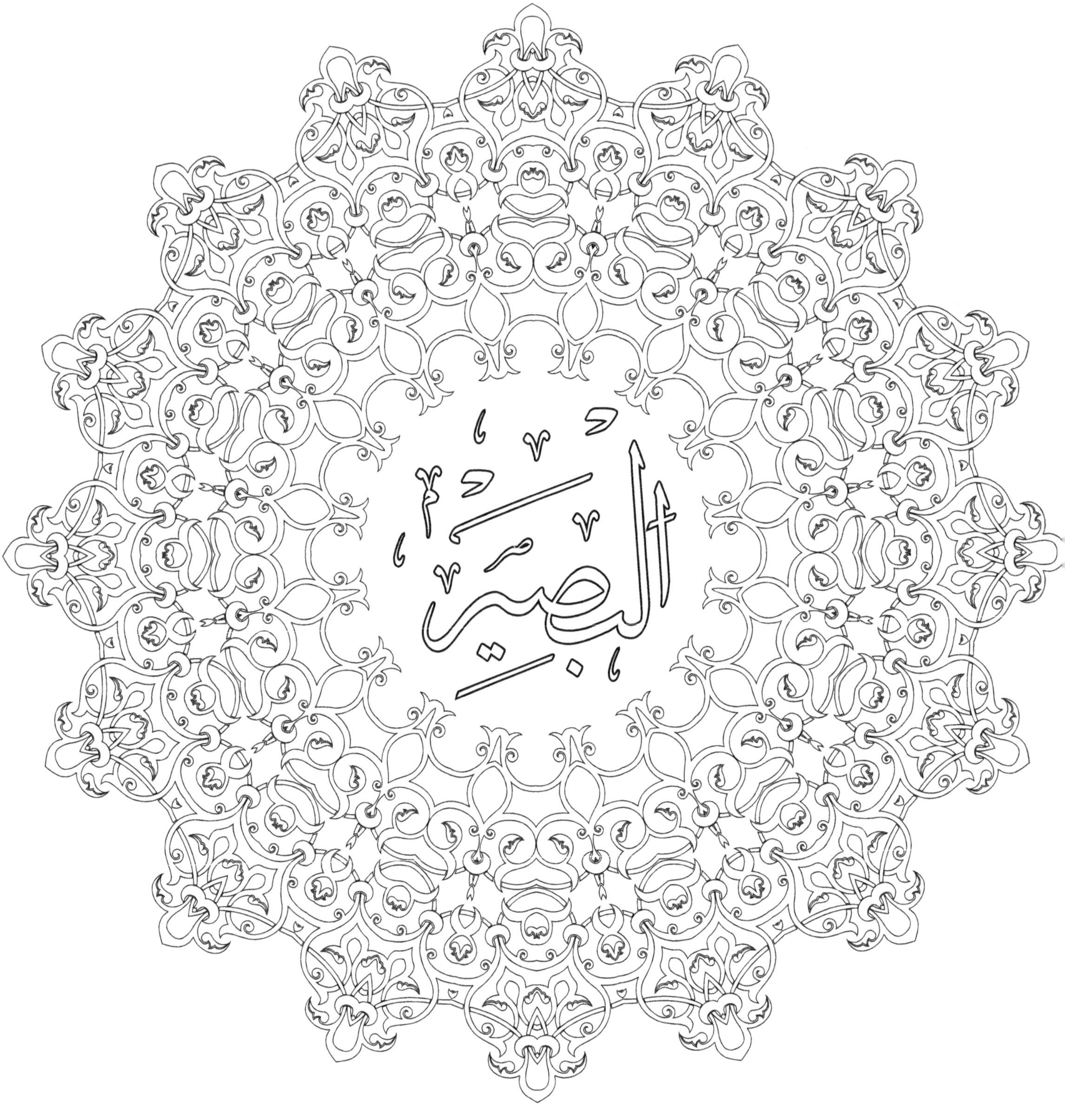
البصير

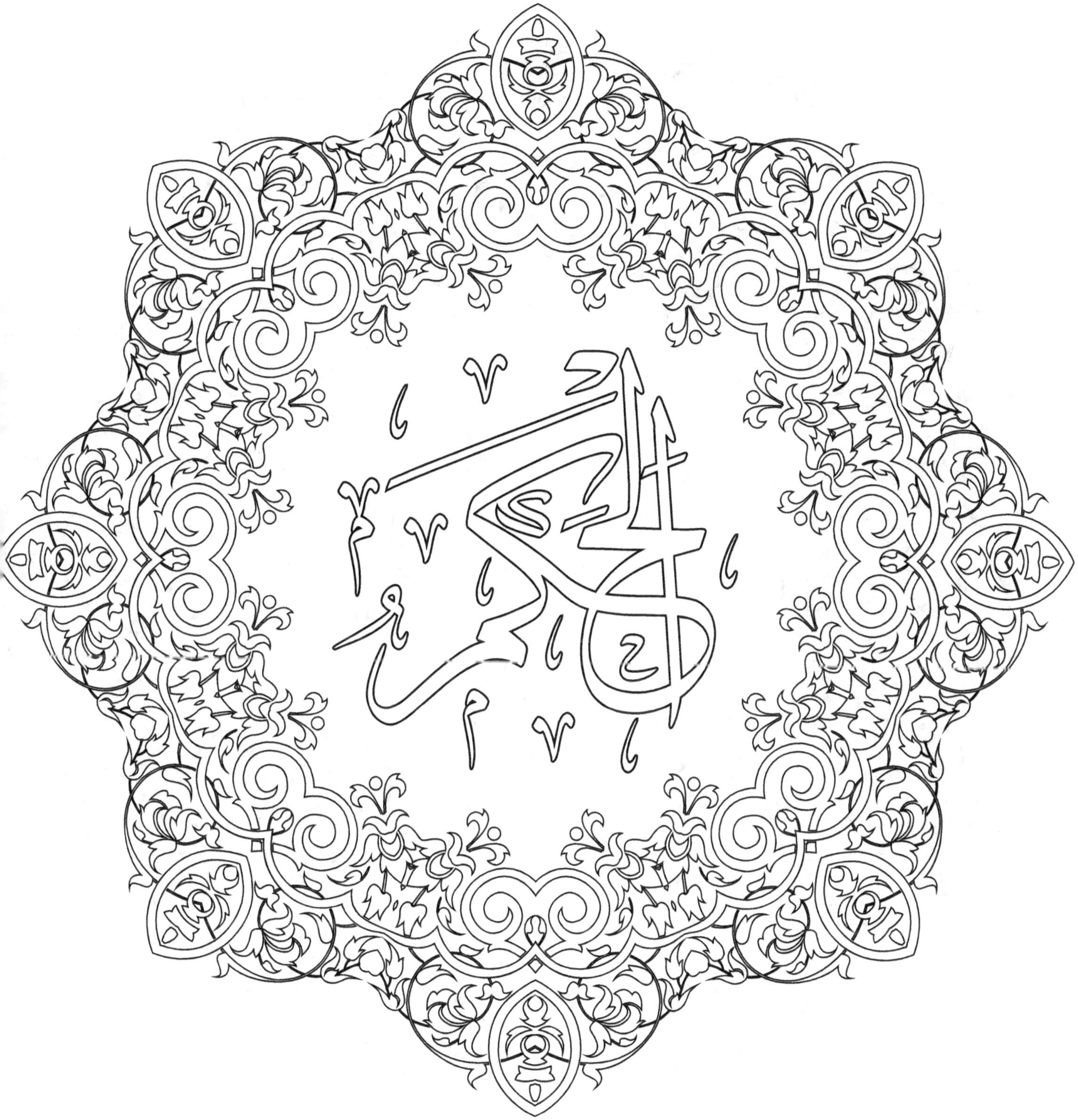
الحكيم

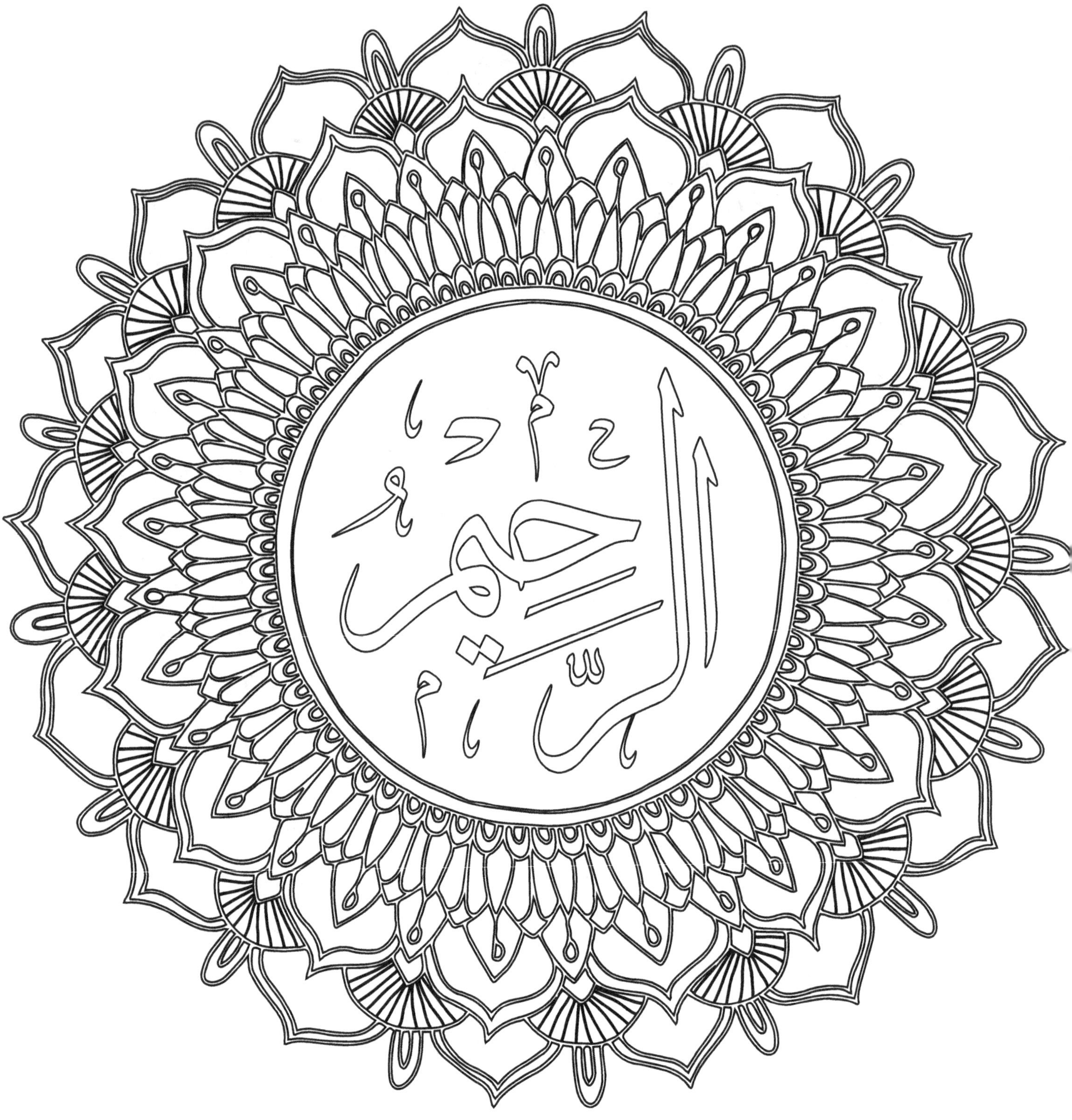
الرحيم

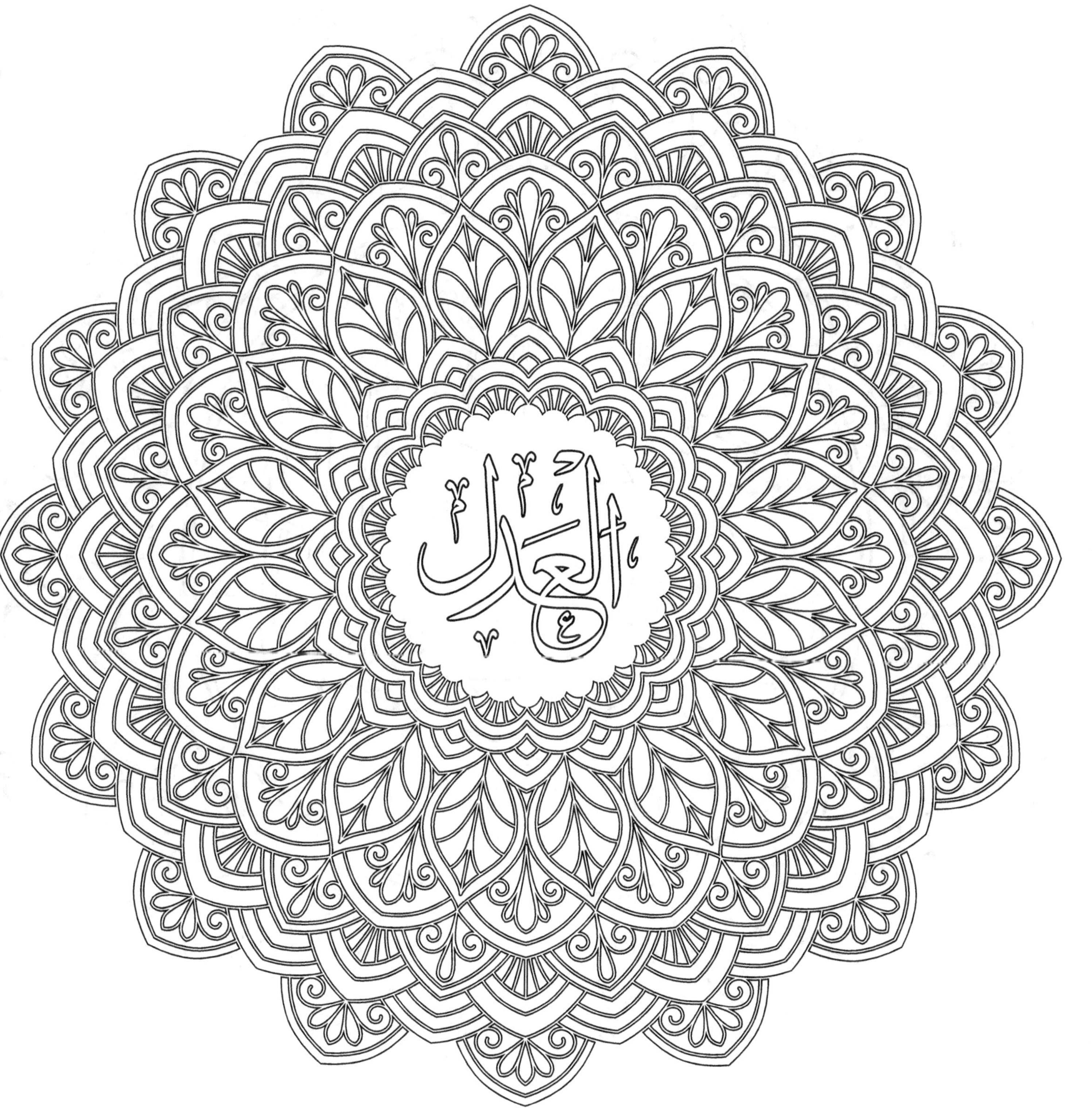
العدل

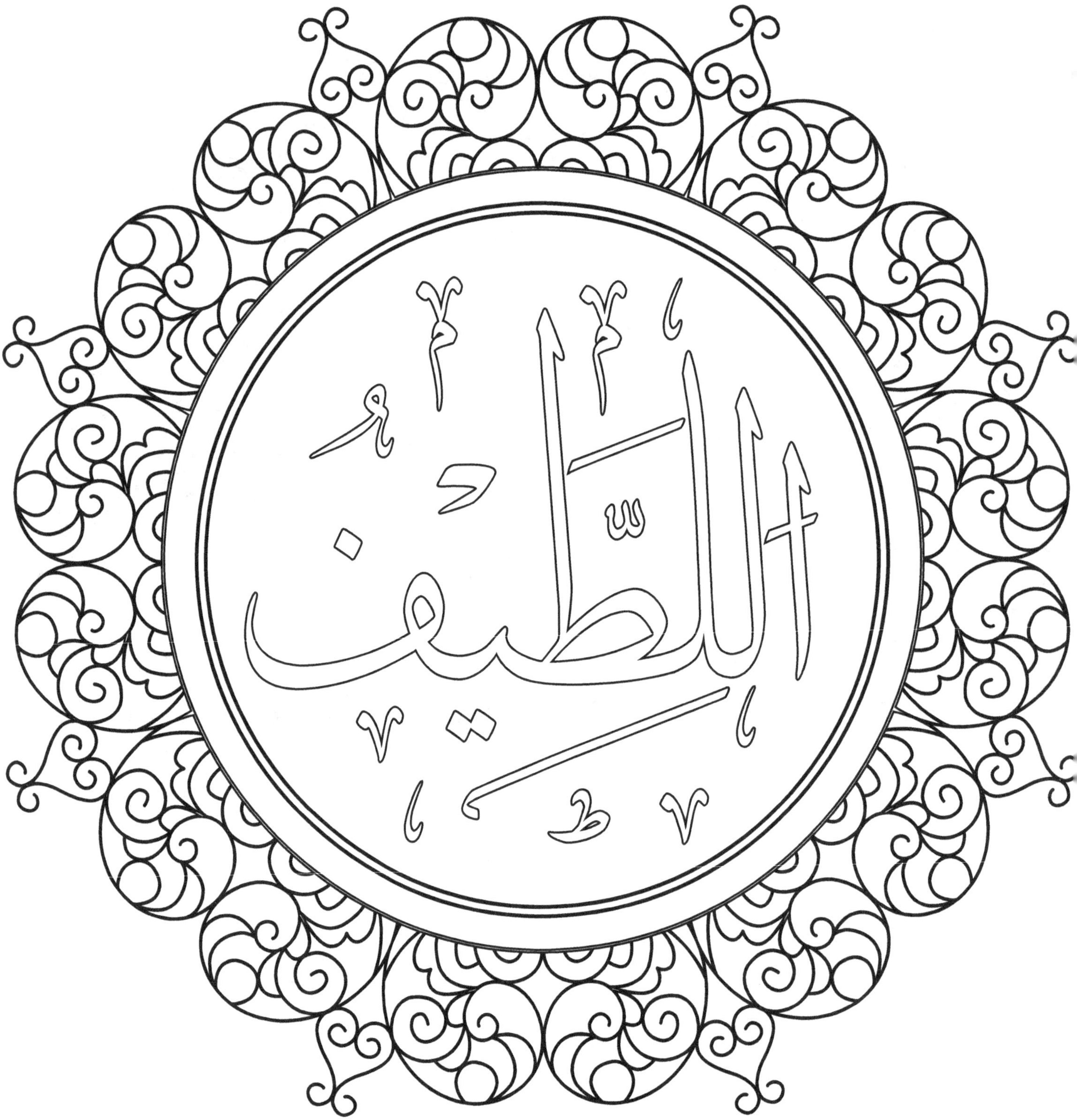
اللطيف

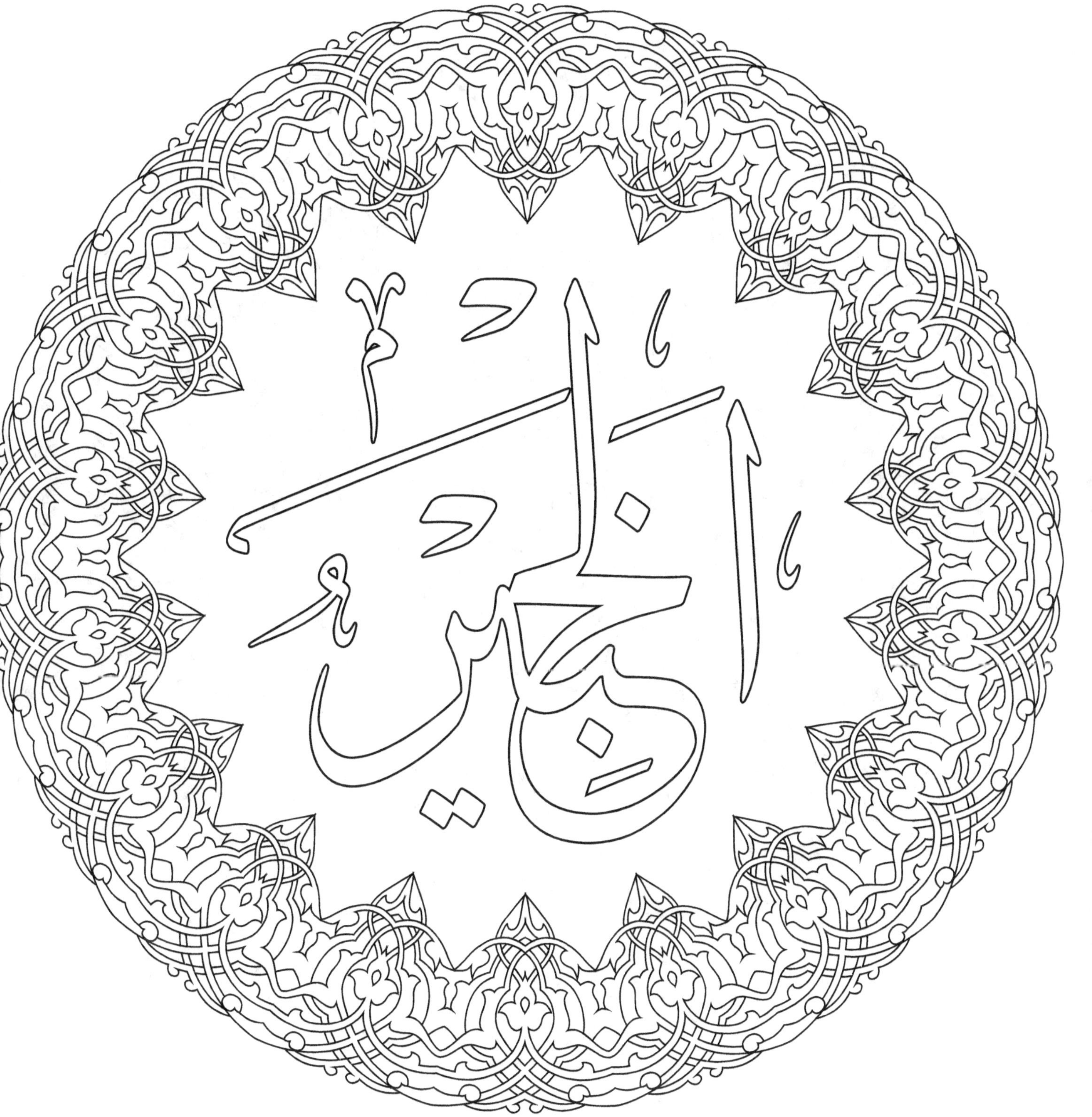

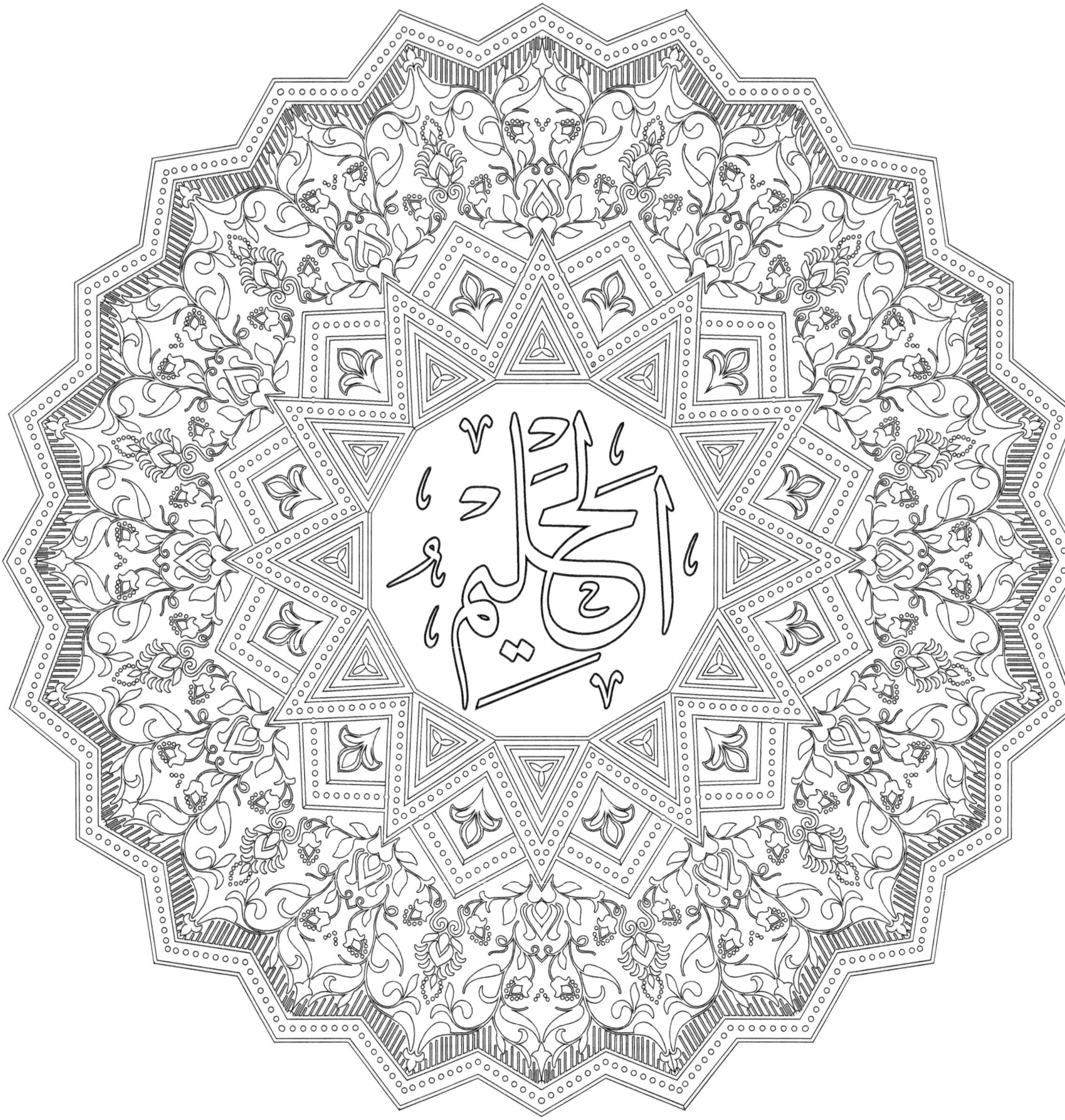
الحليم

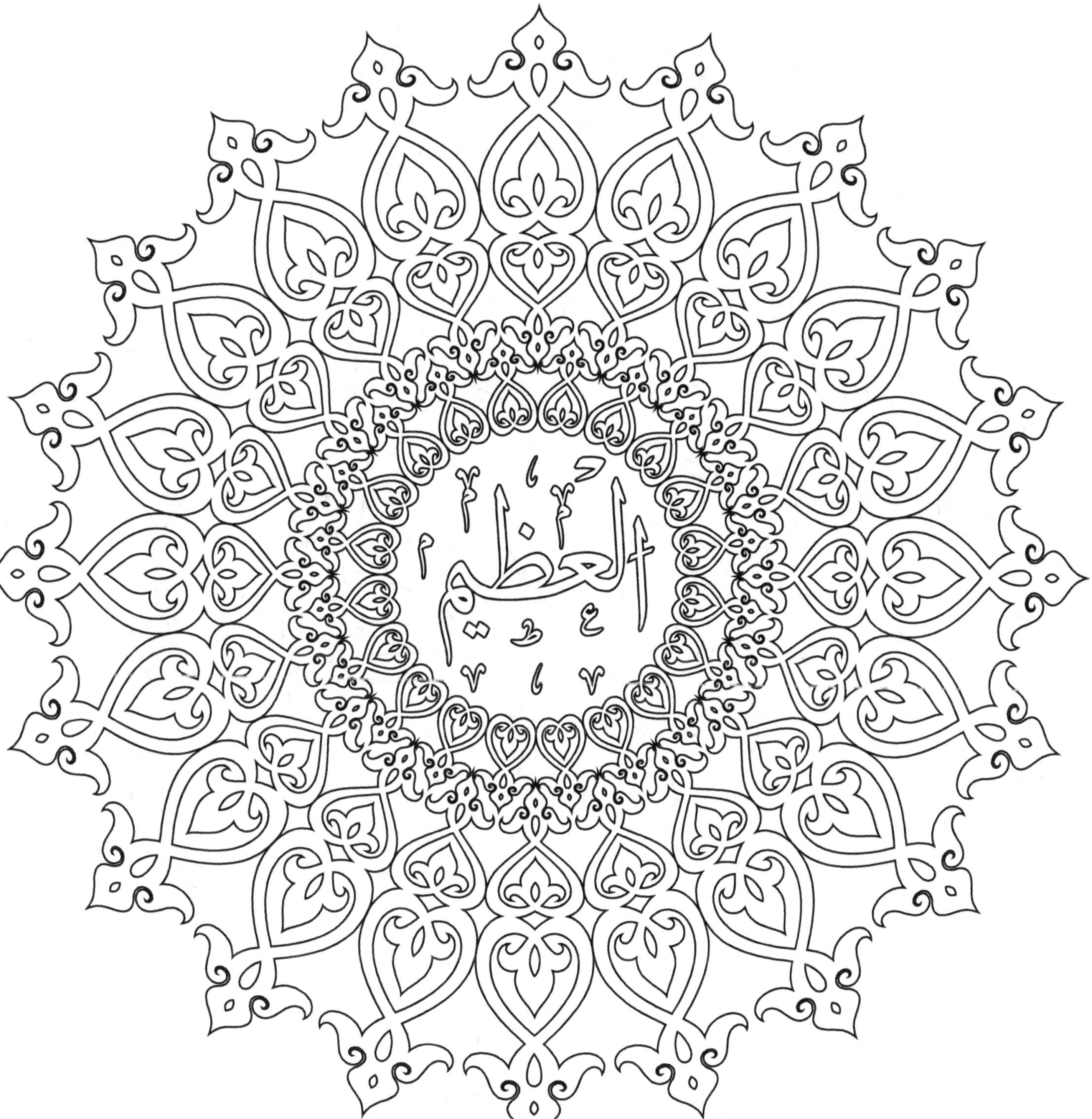
العظيم

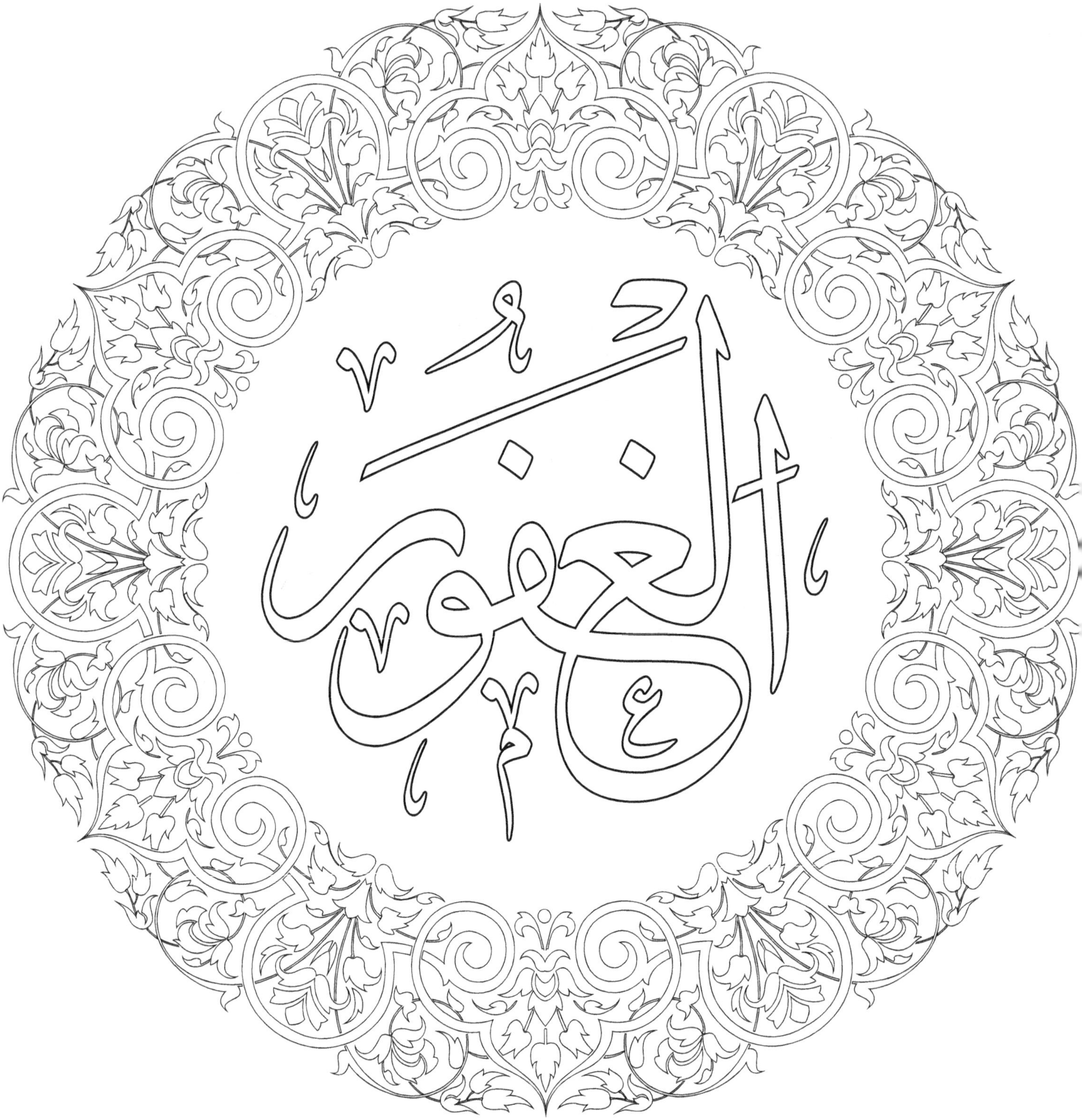
الغفور

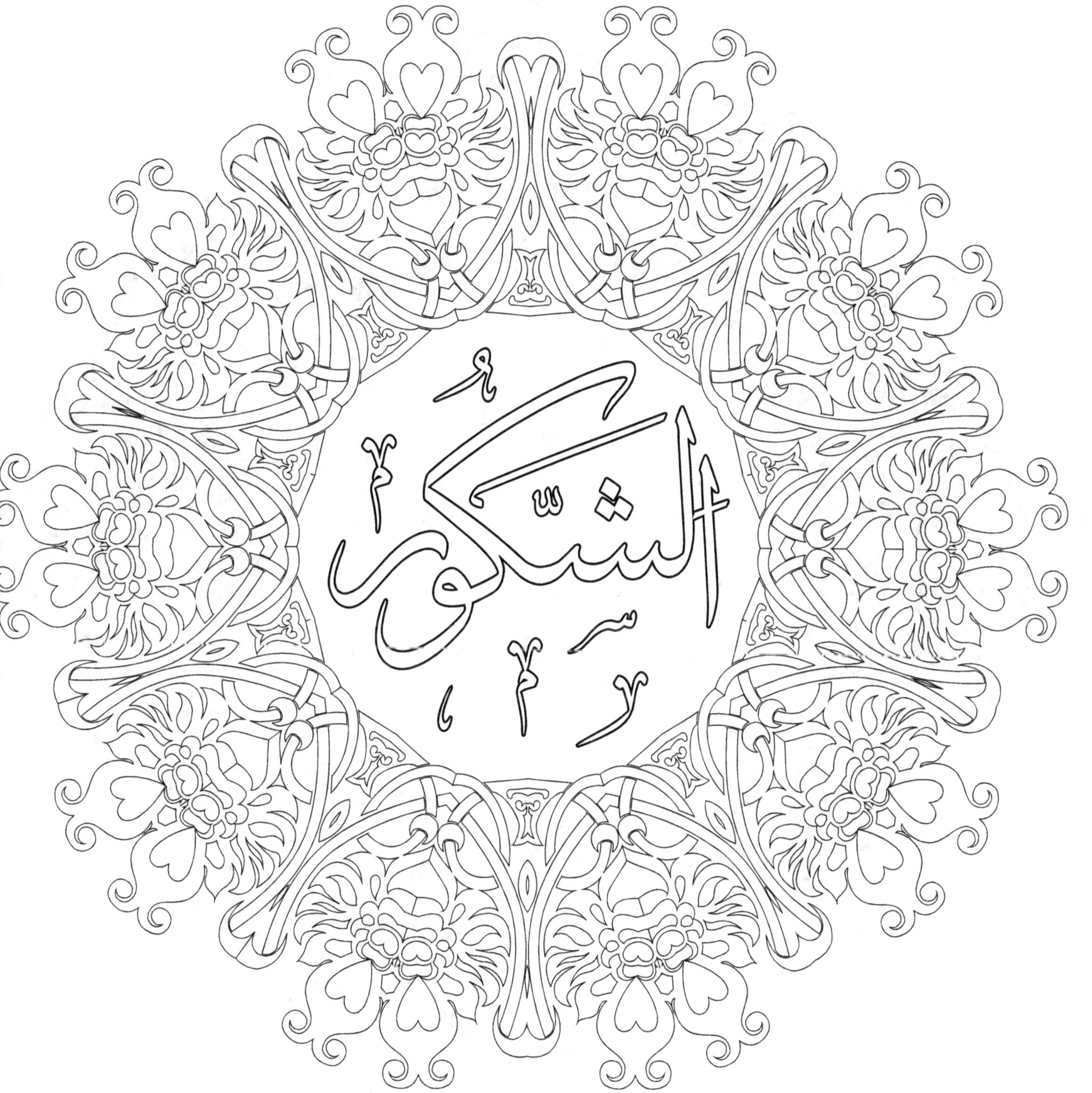
الشكور

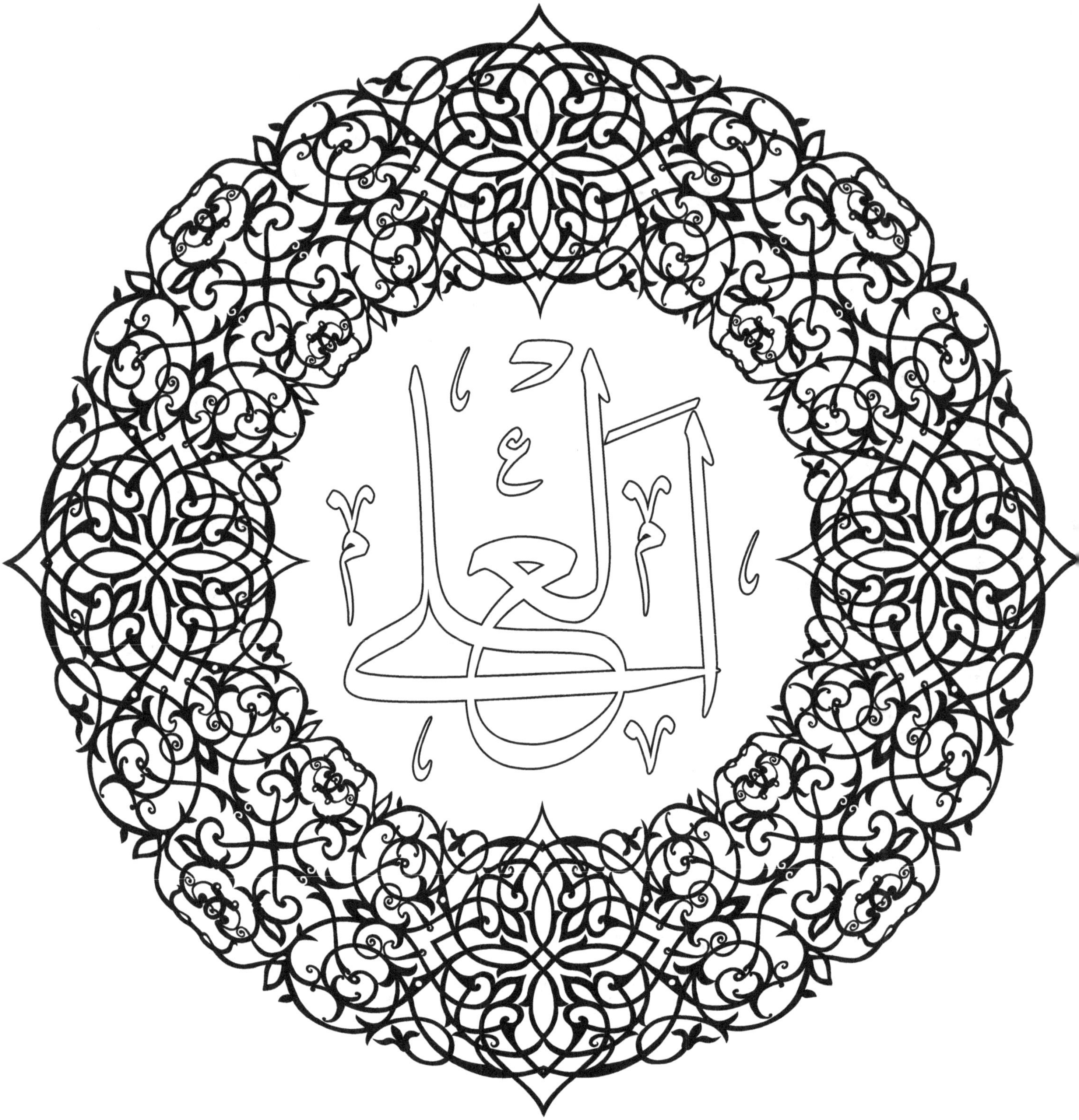
العلي

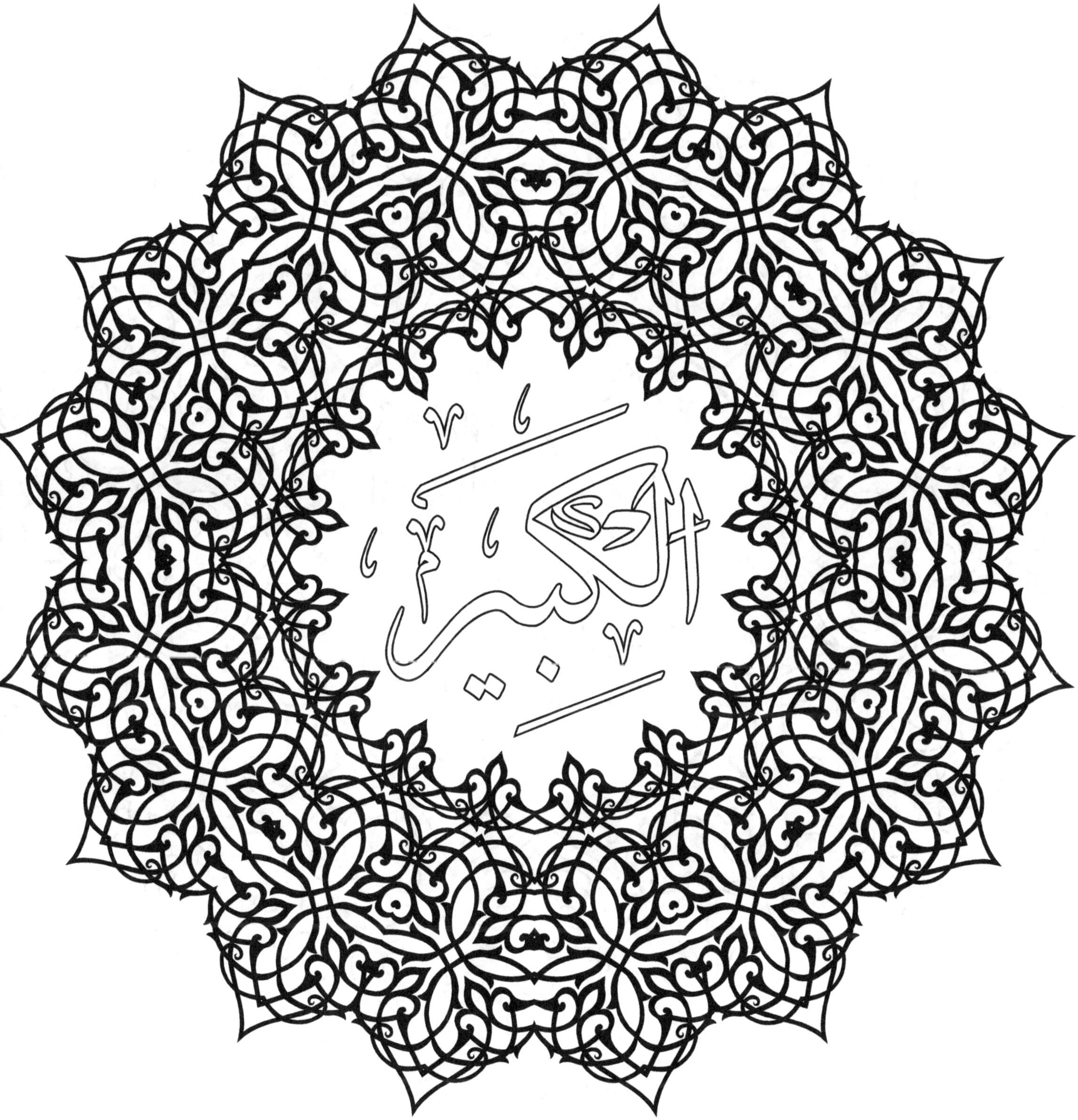
الكبير

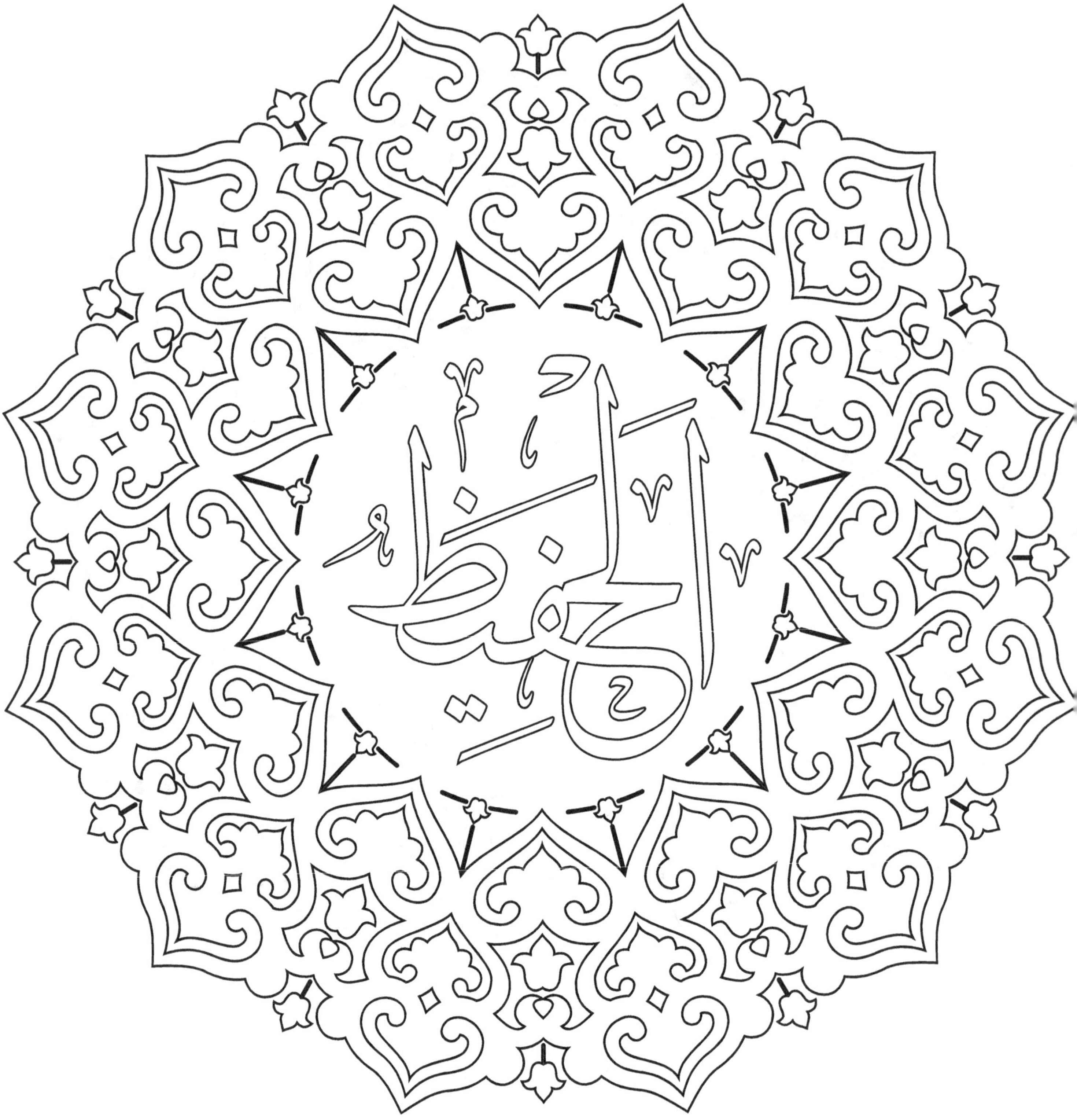
الحفيظ

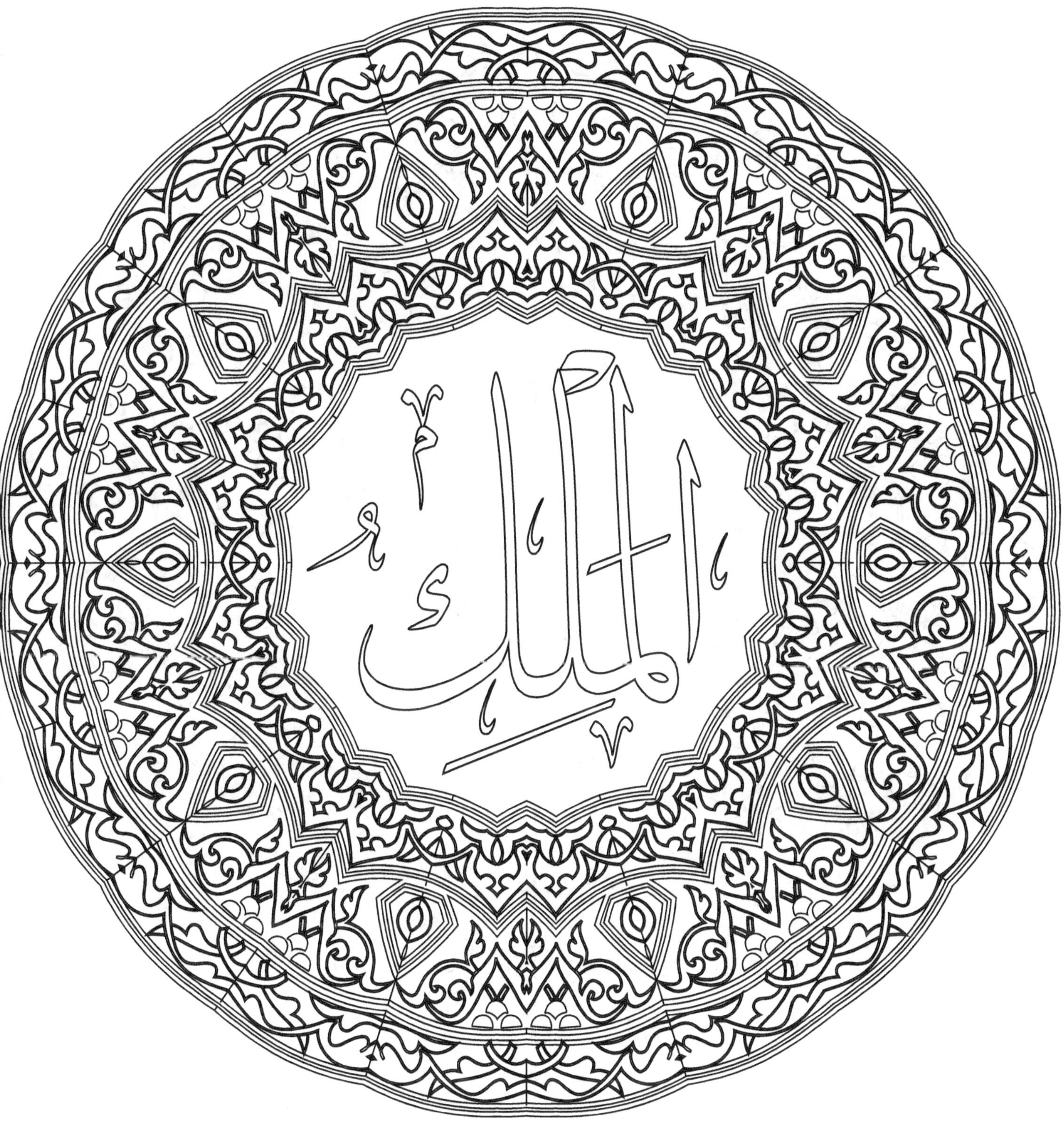
الملك

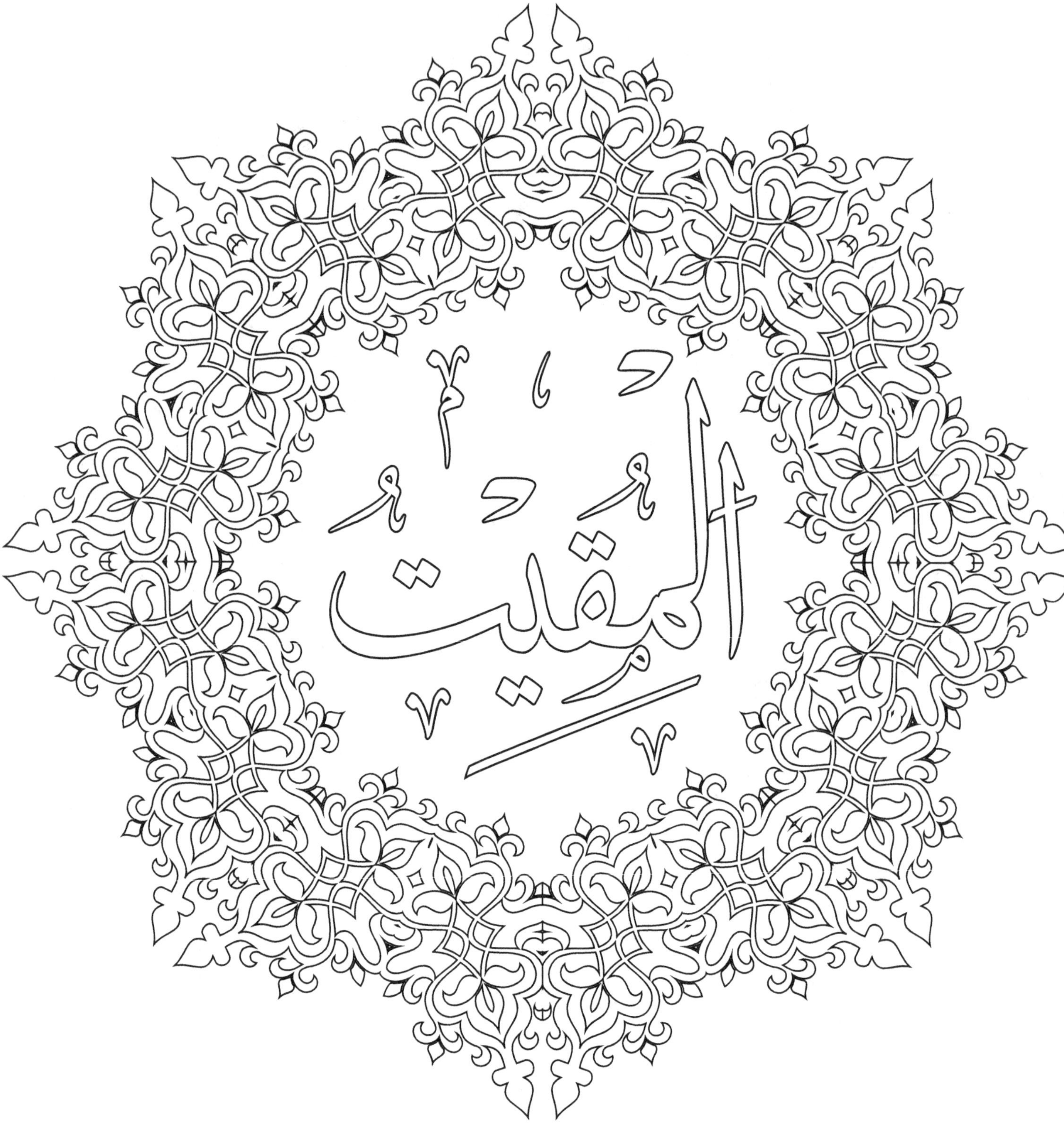
المقيت

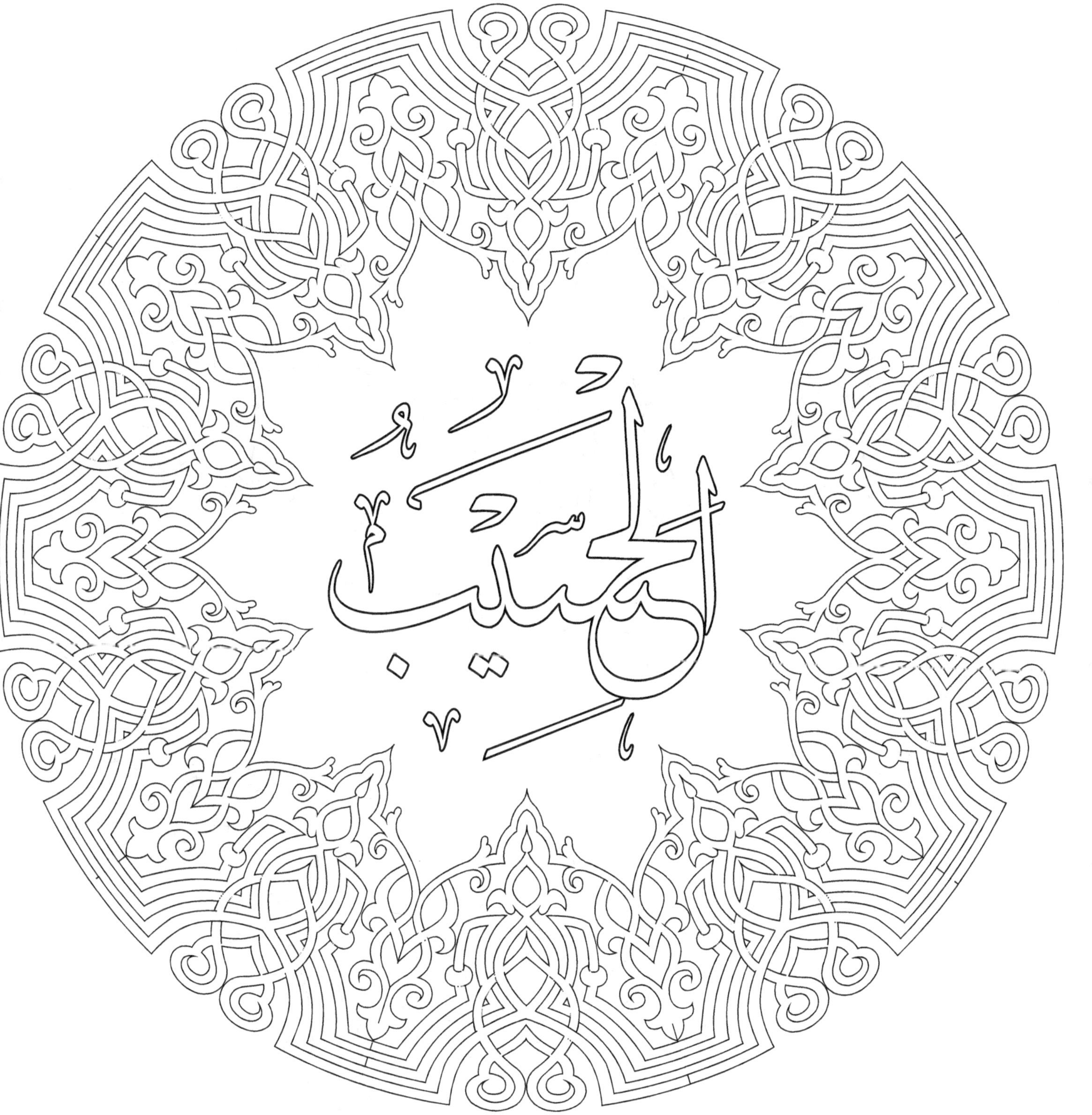
الحسيب

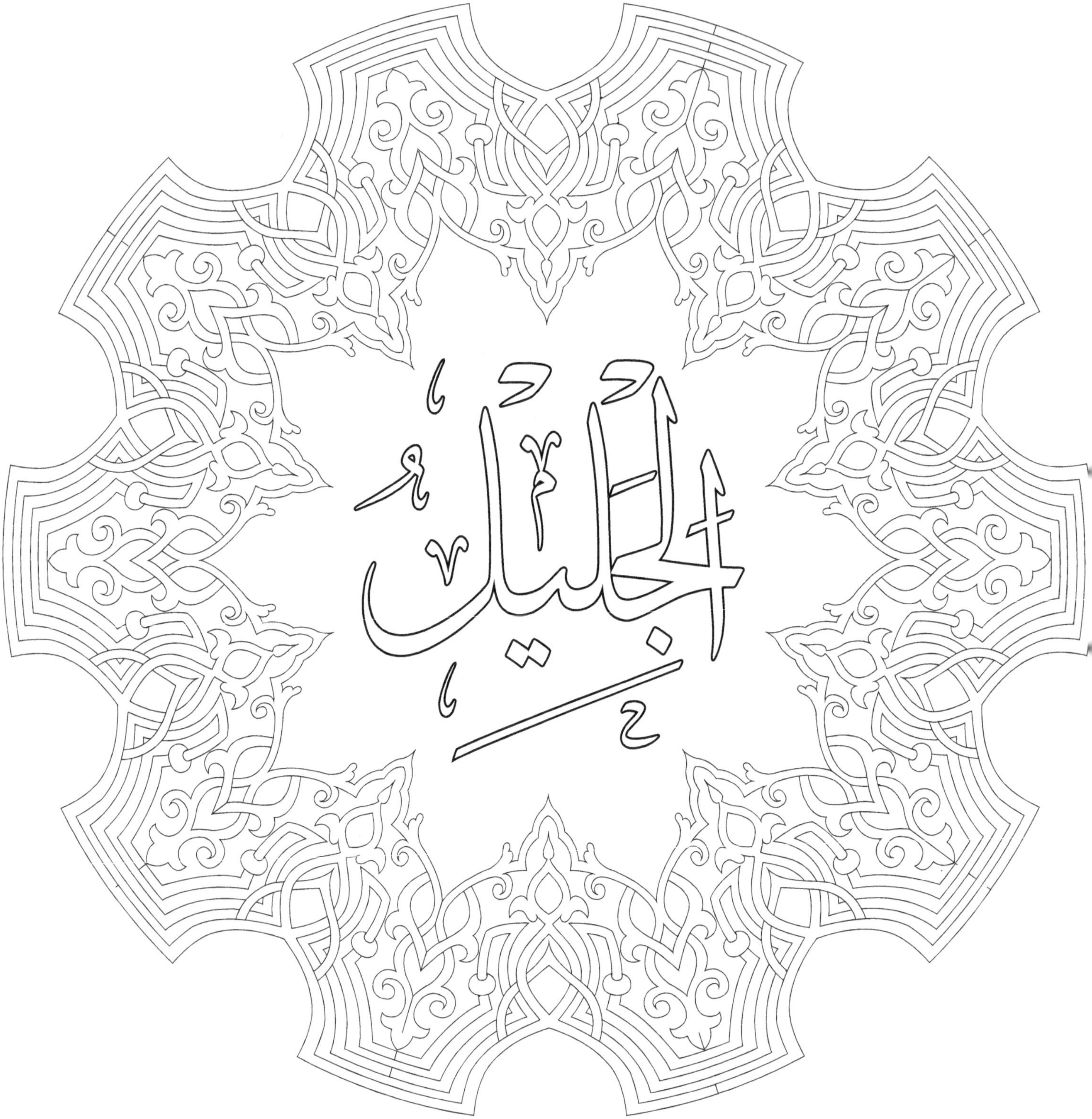
الجليل

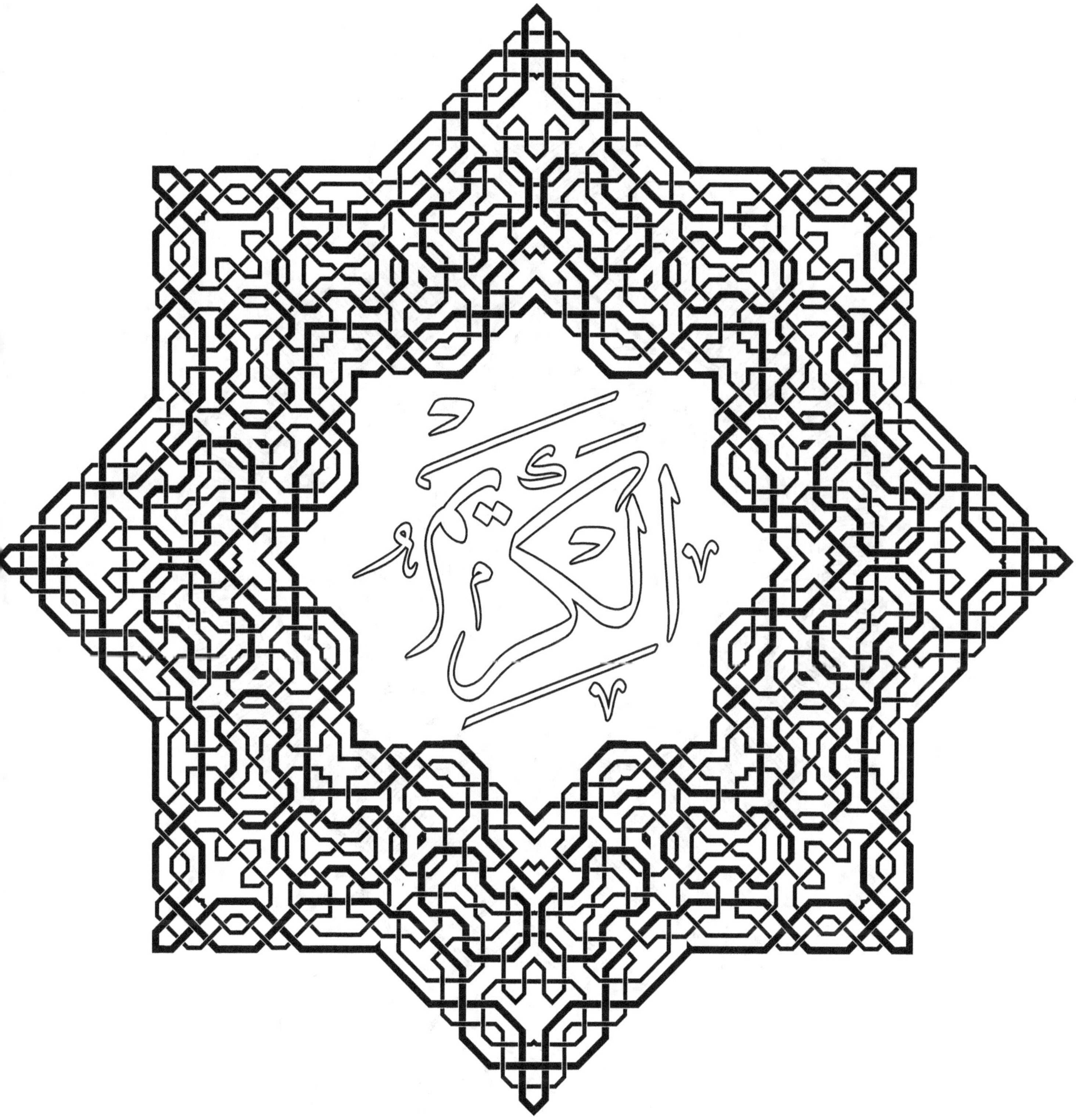
الكريم

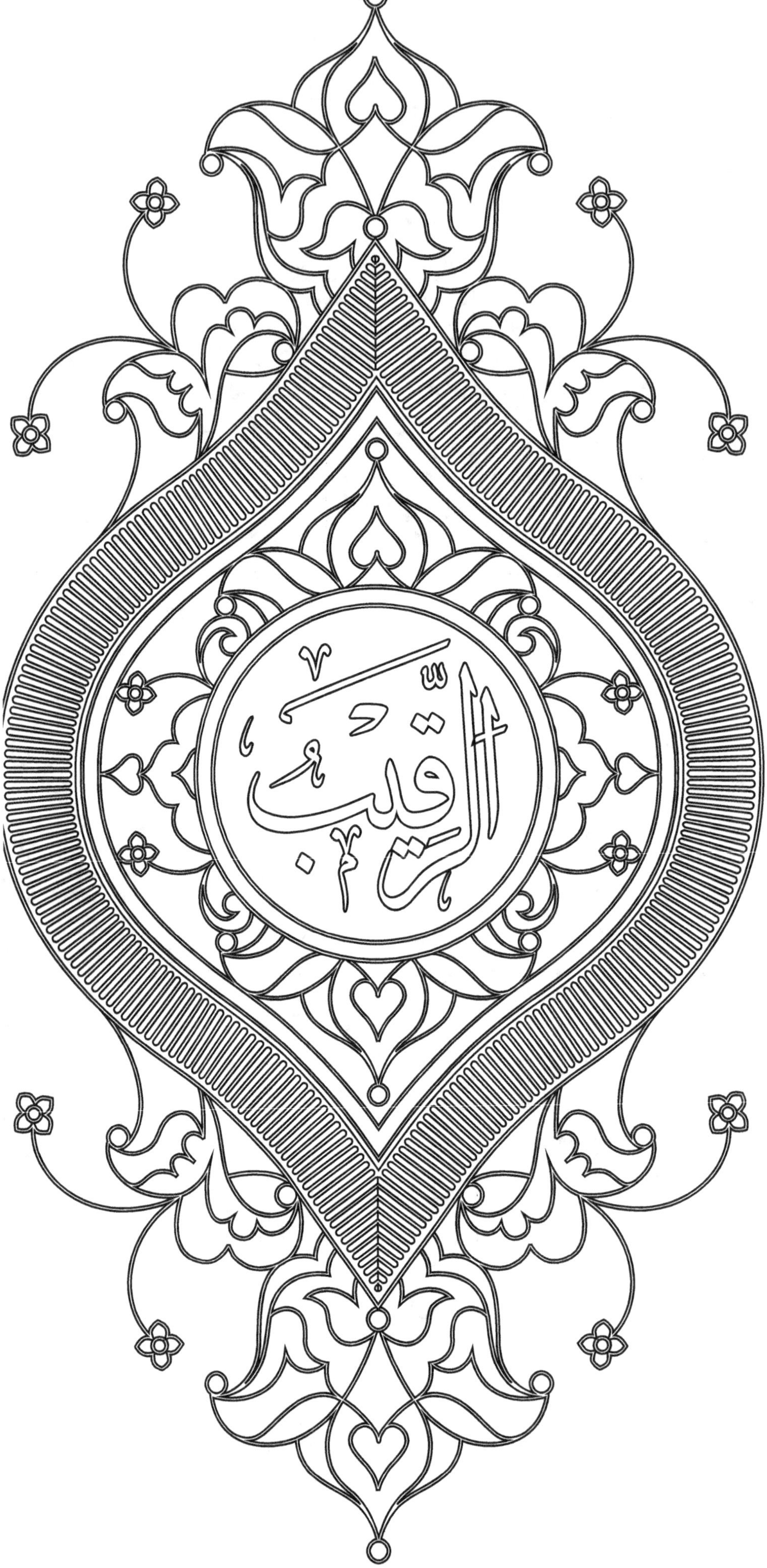
الرقيب

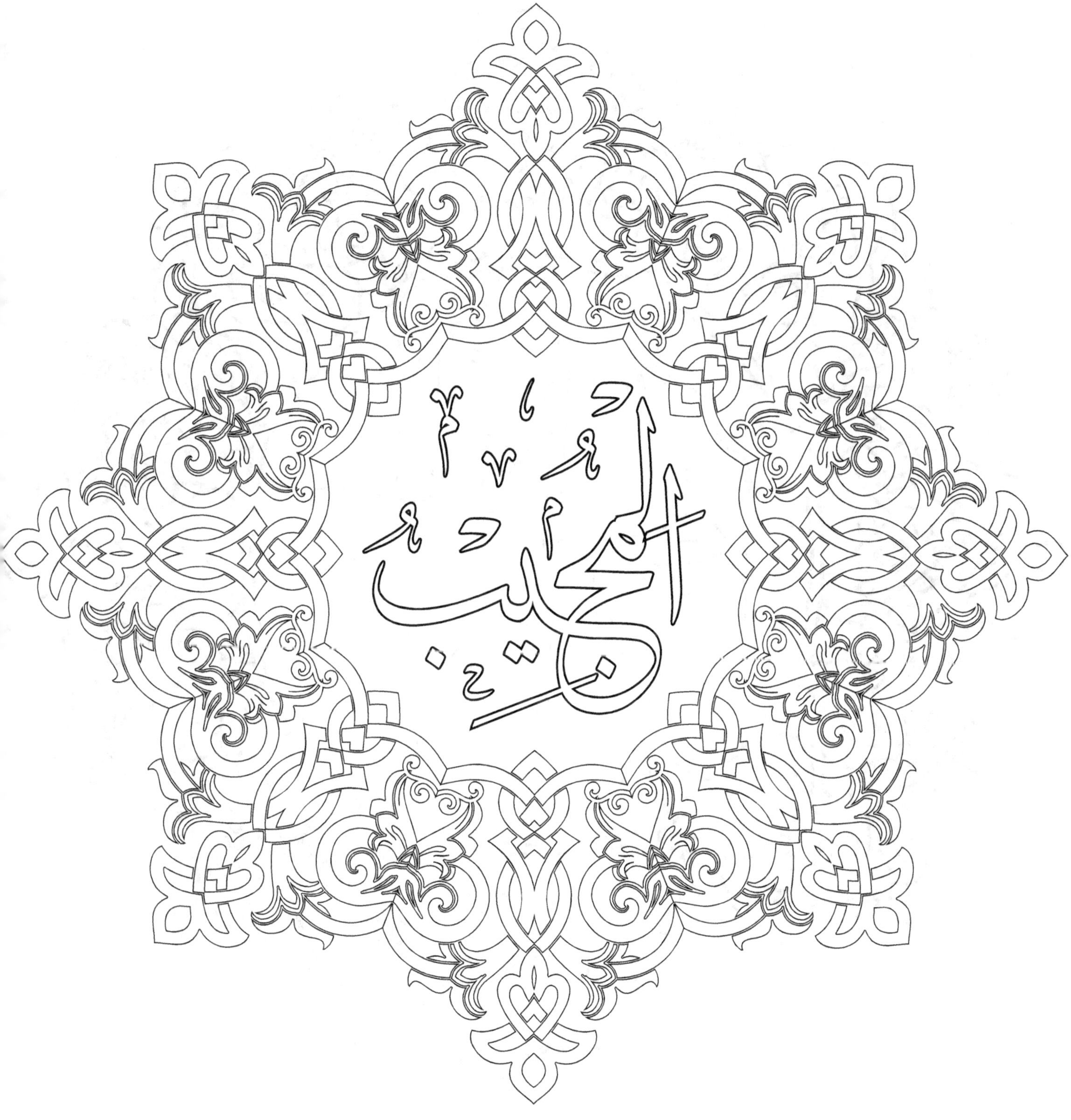
المجيب

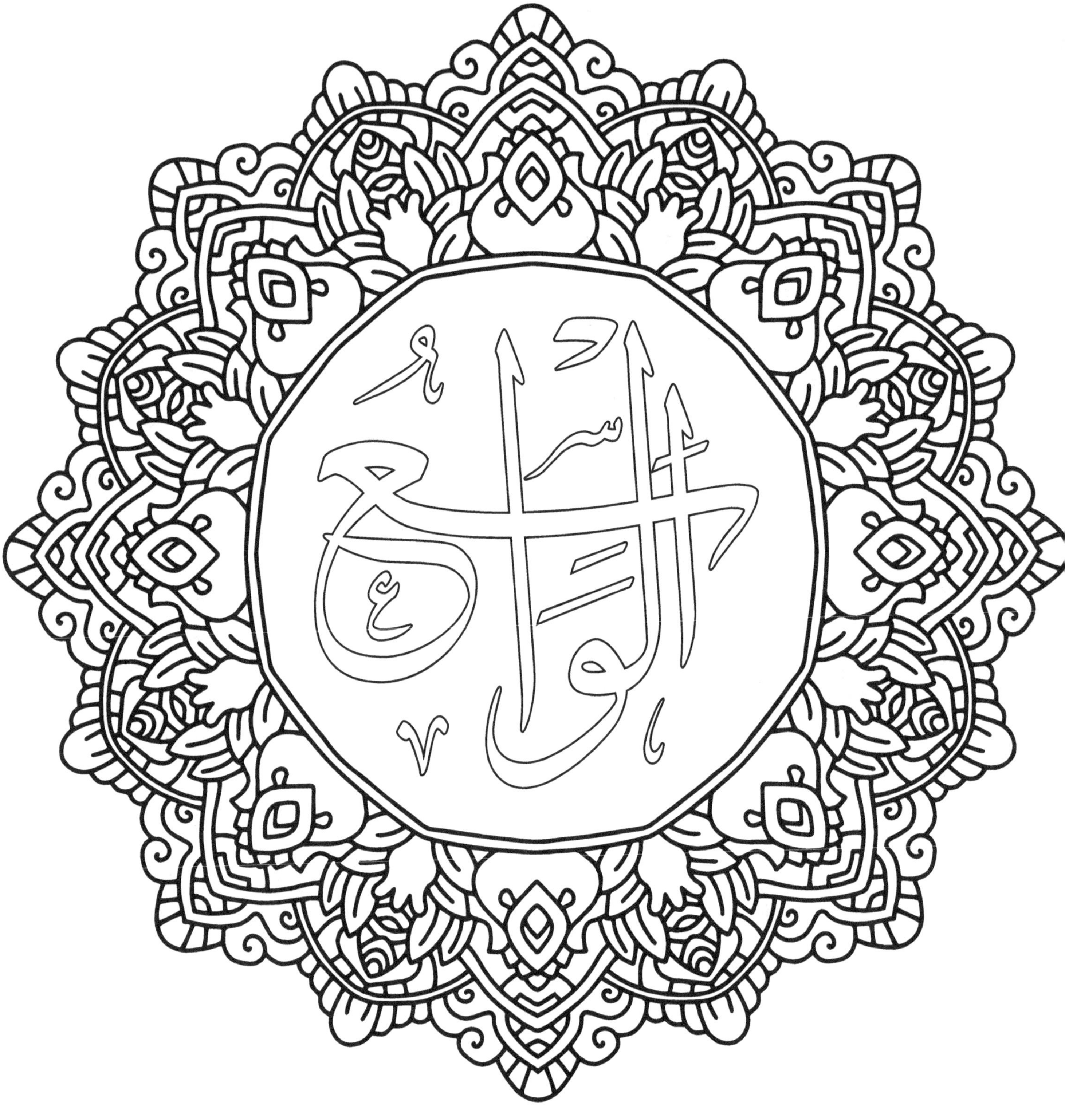
الواسع

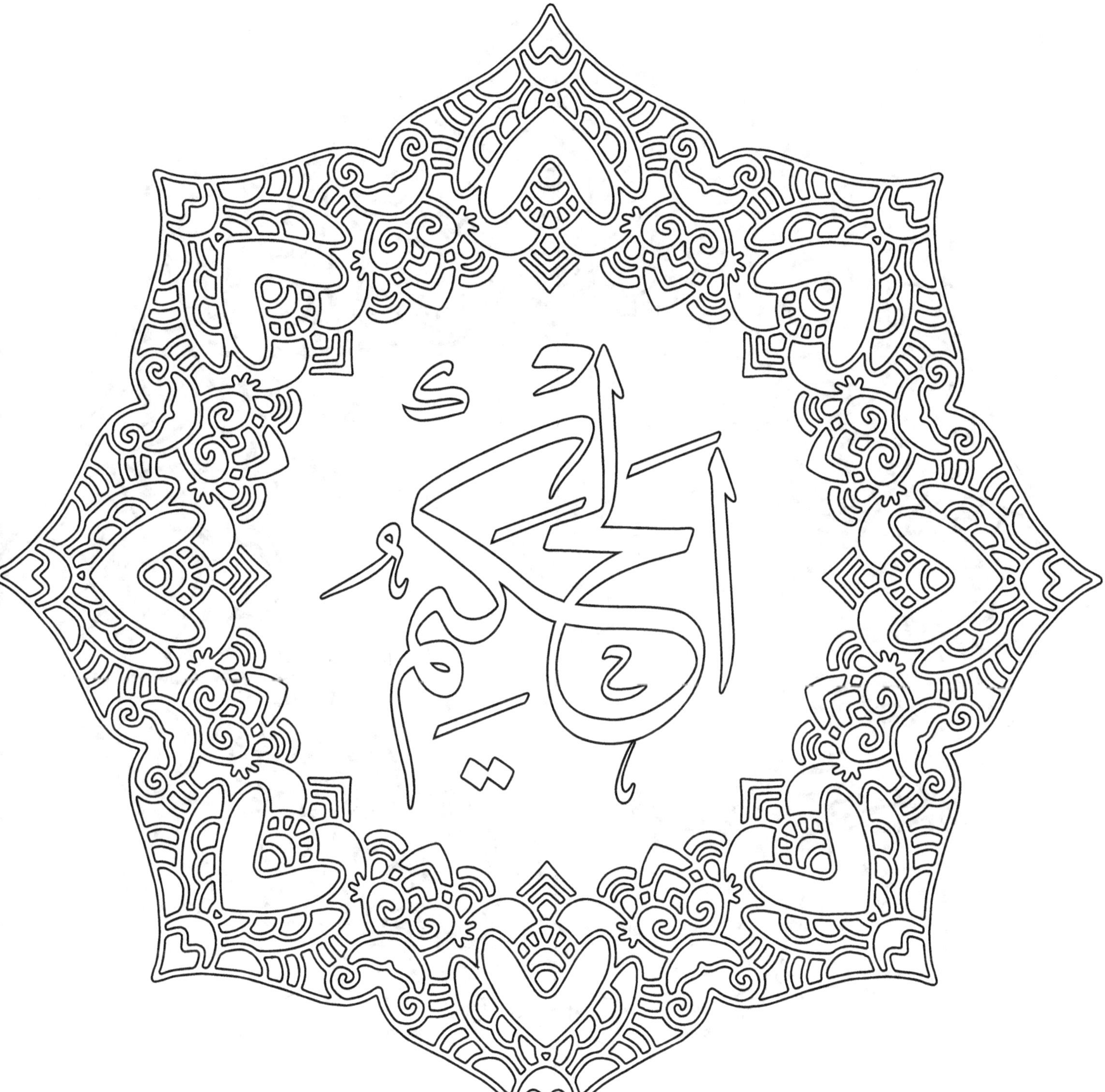
الحكيم

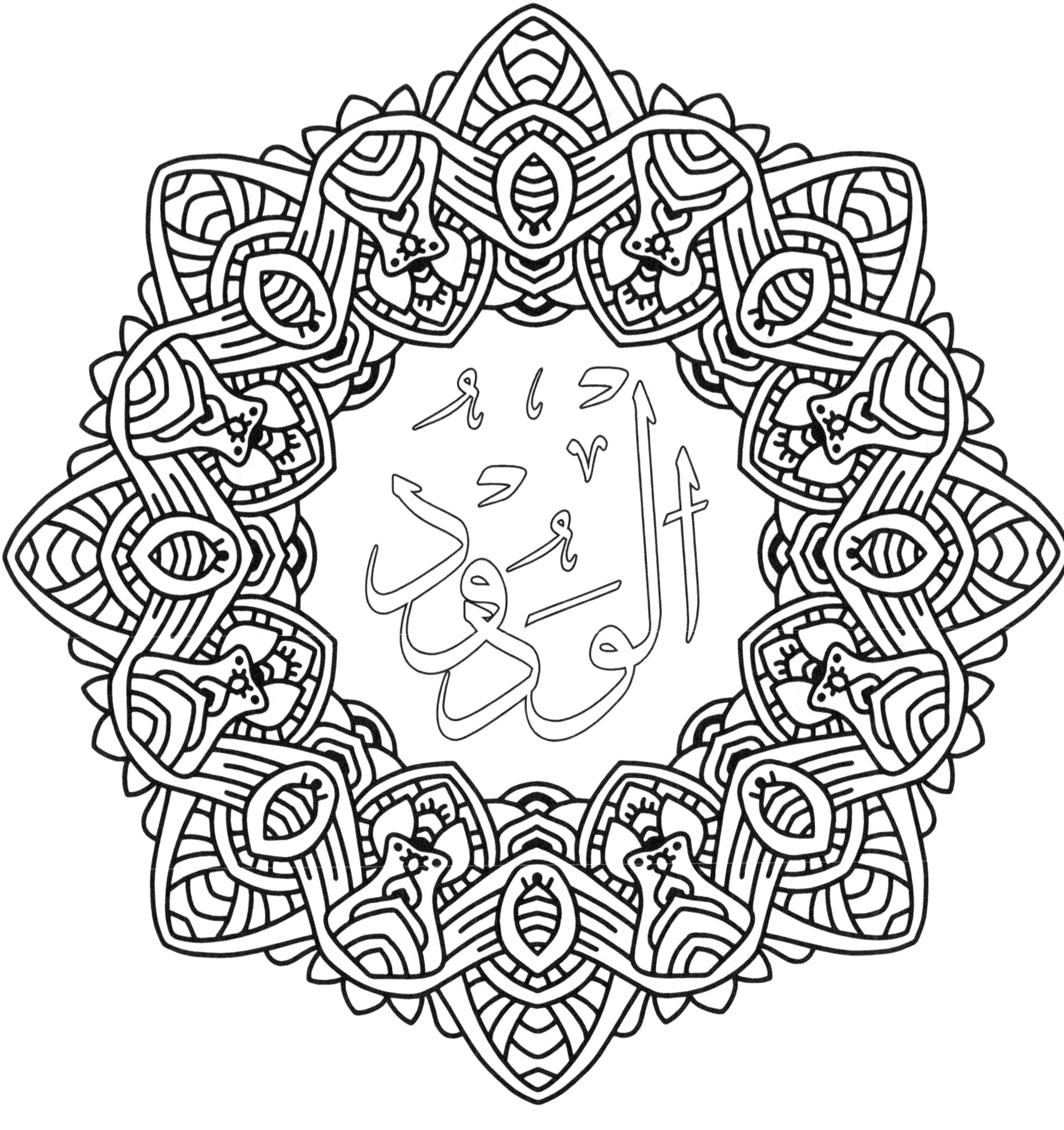
الوَدُودُ

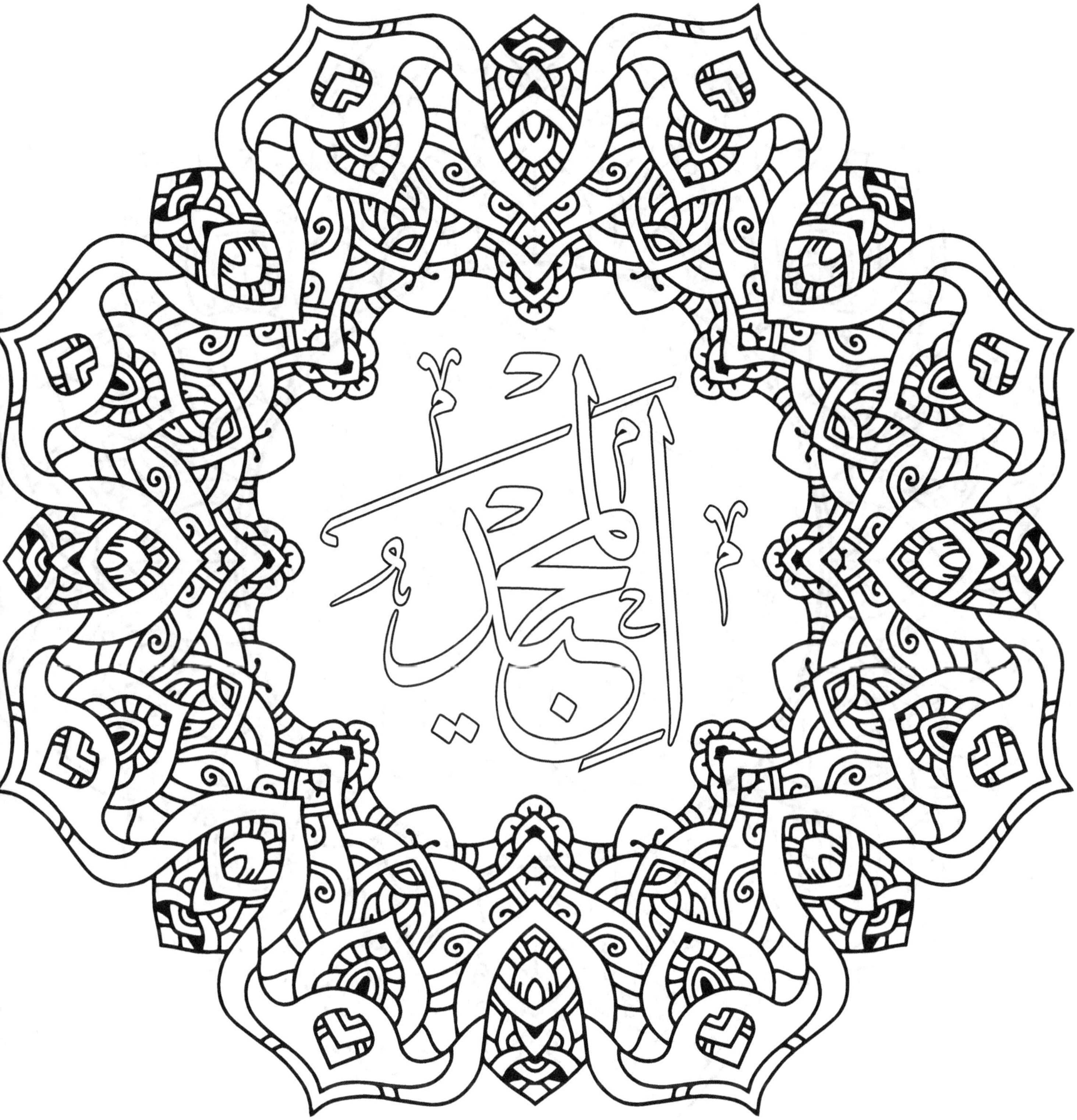
المجيد

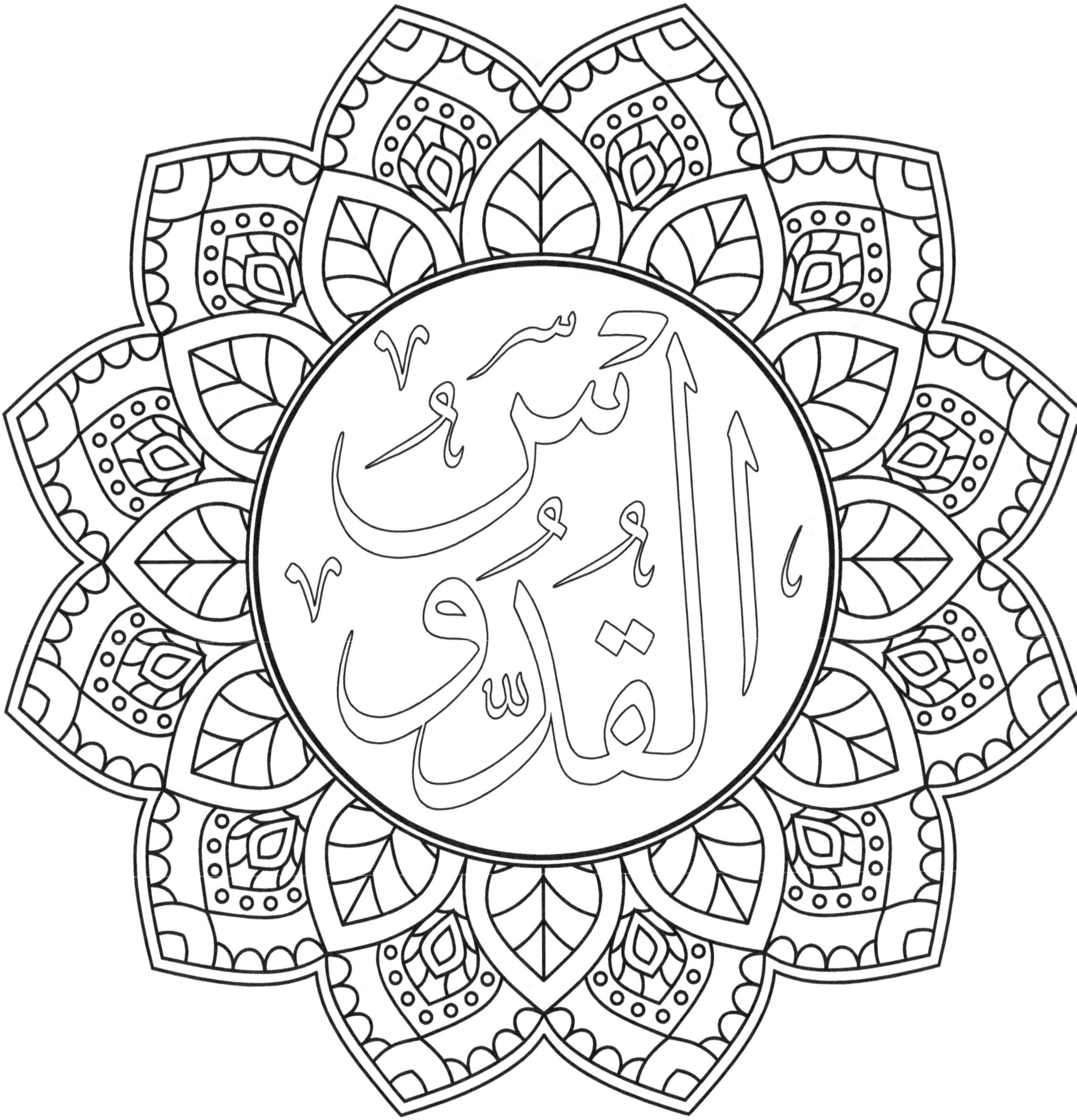
القدوس

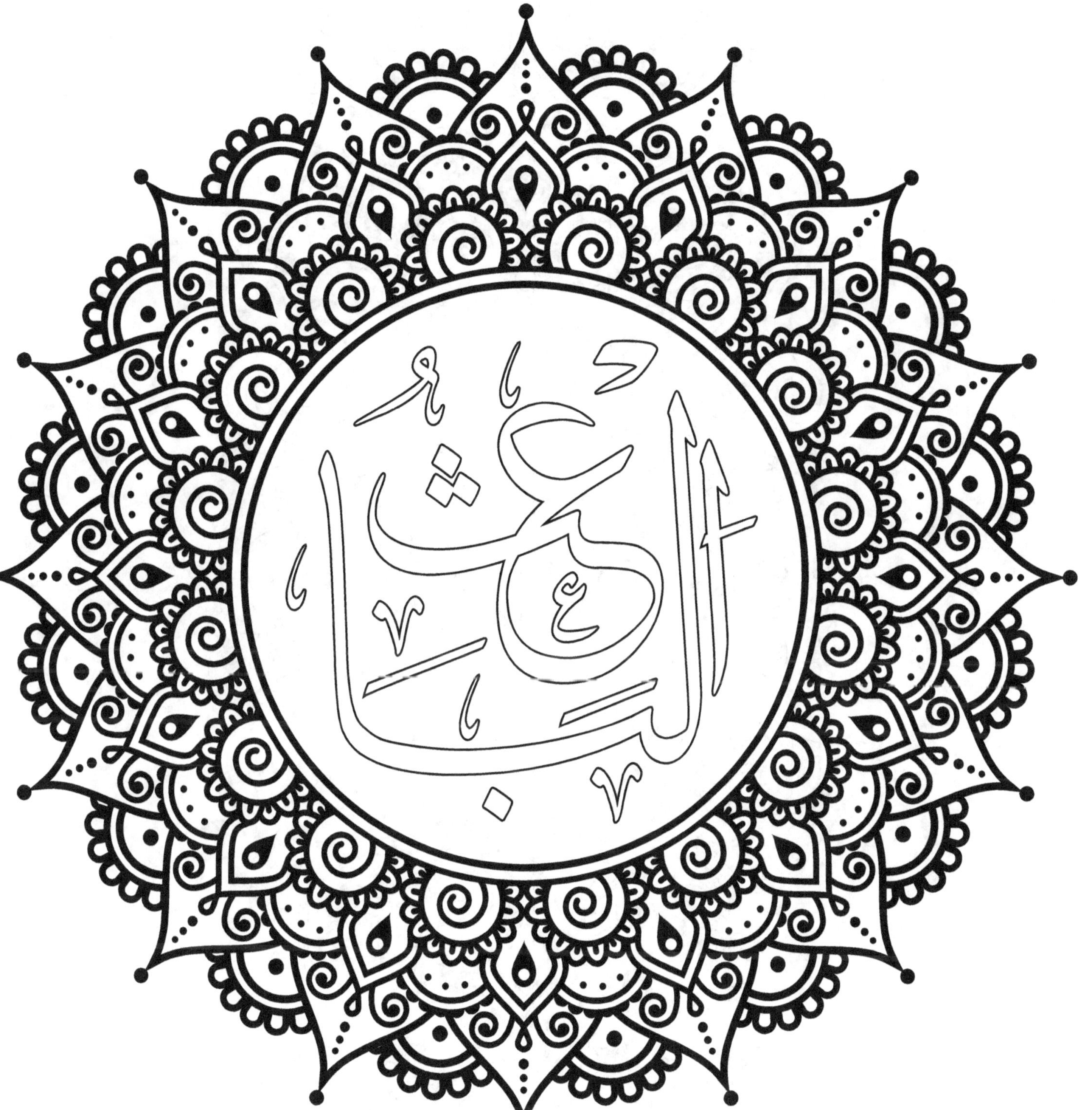

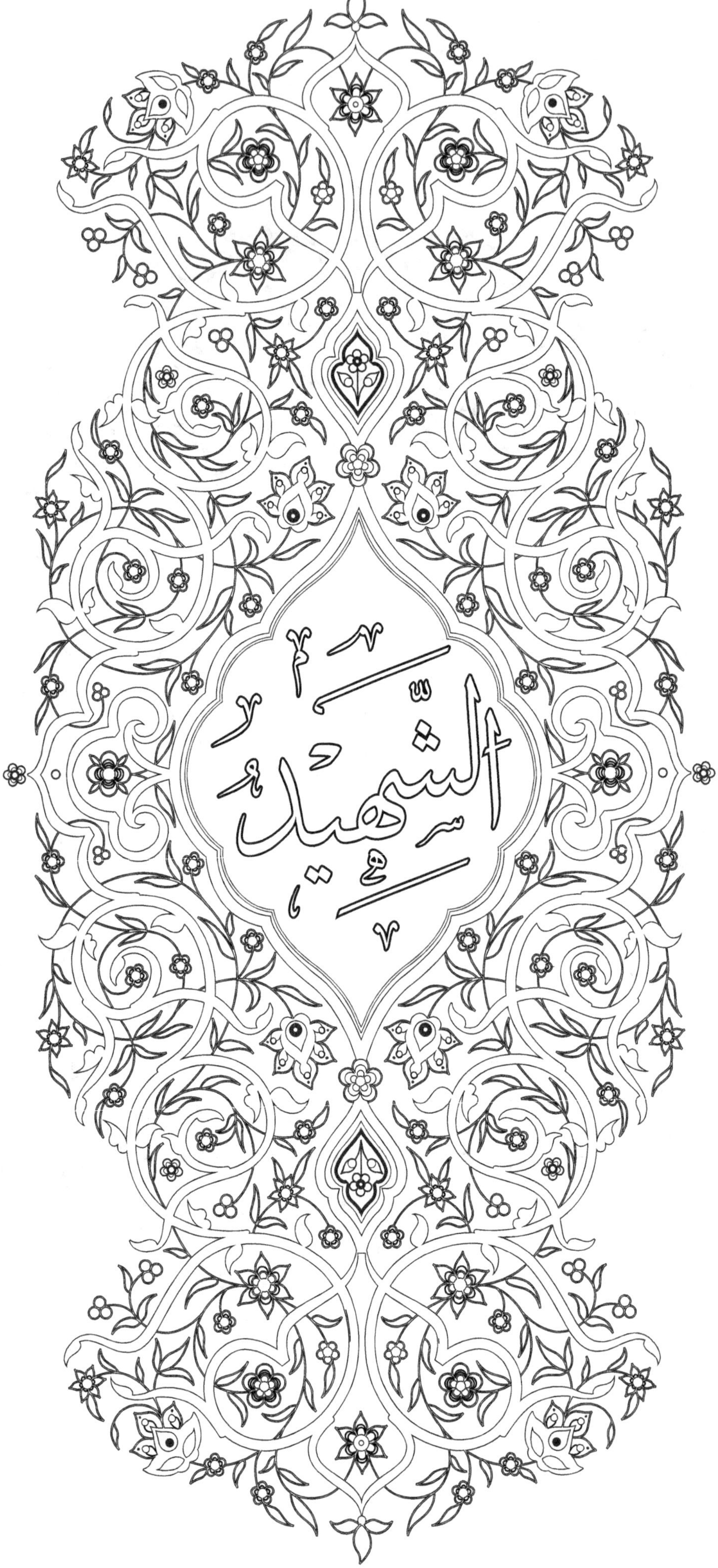
الشَّهِيدُ

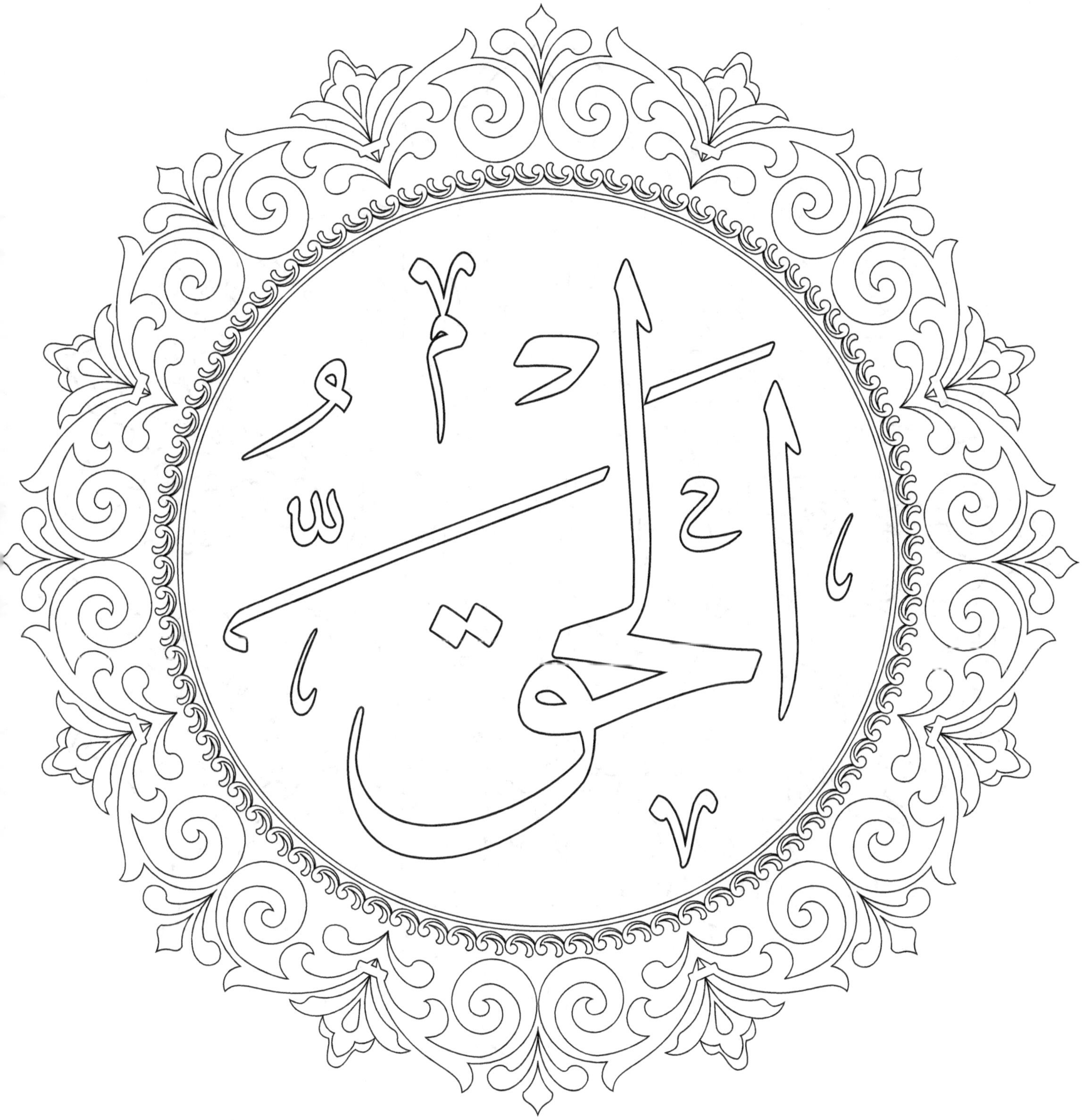
الحق

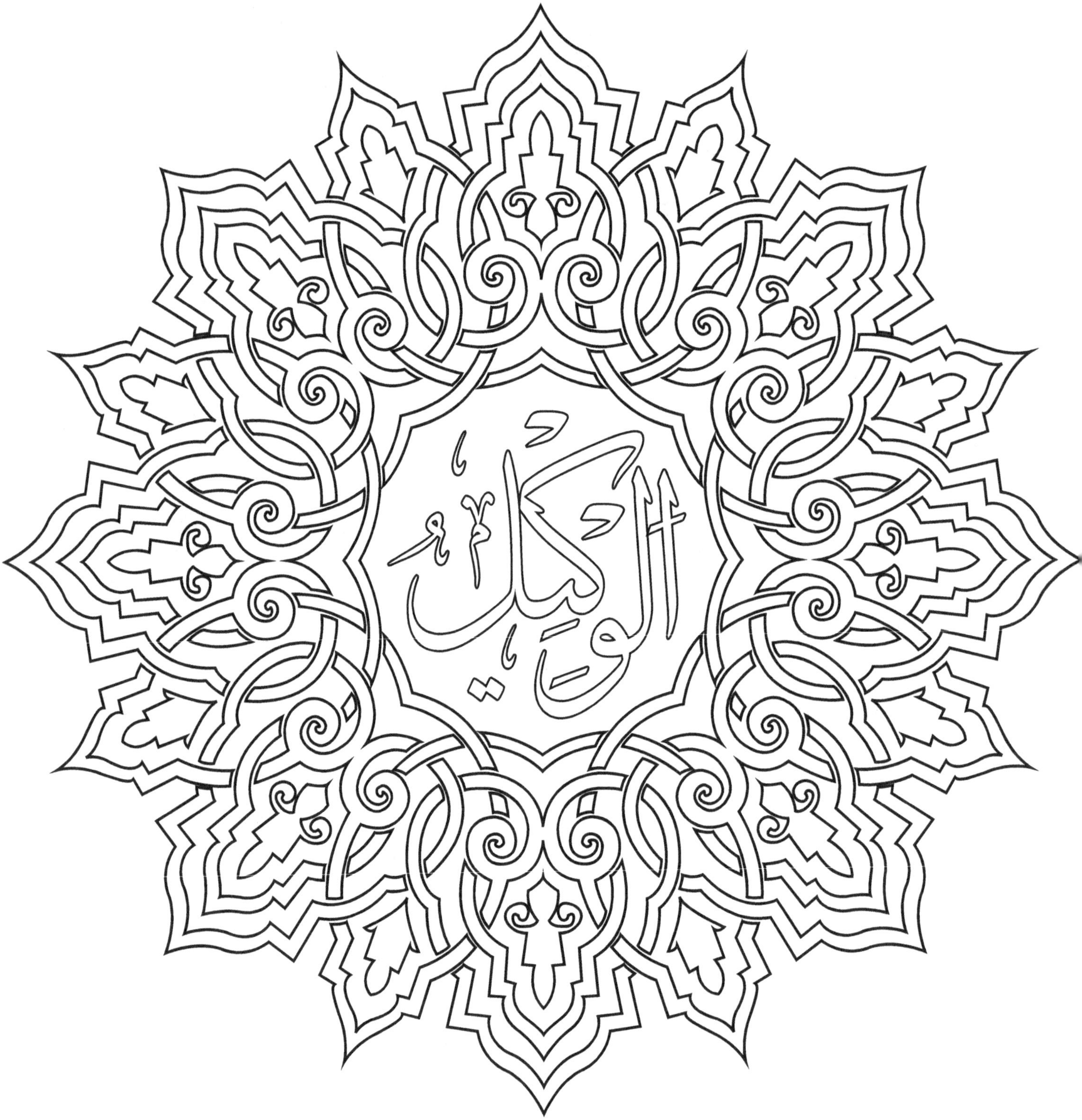
الوكيل

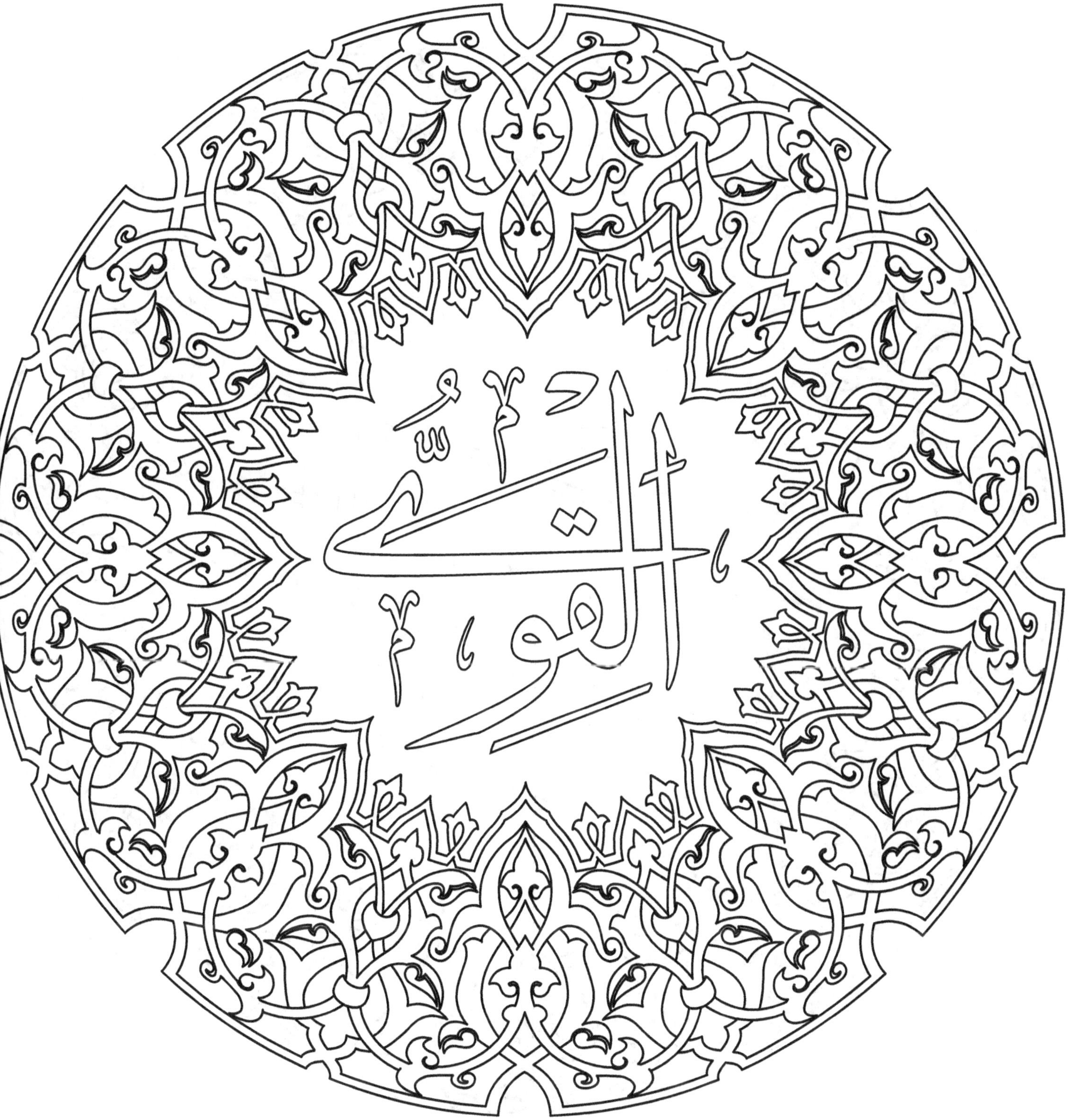
القوي

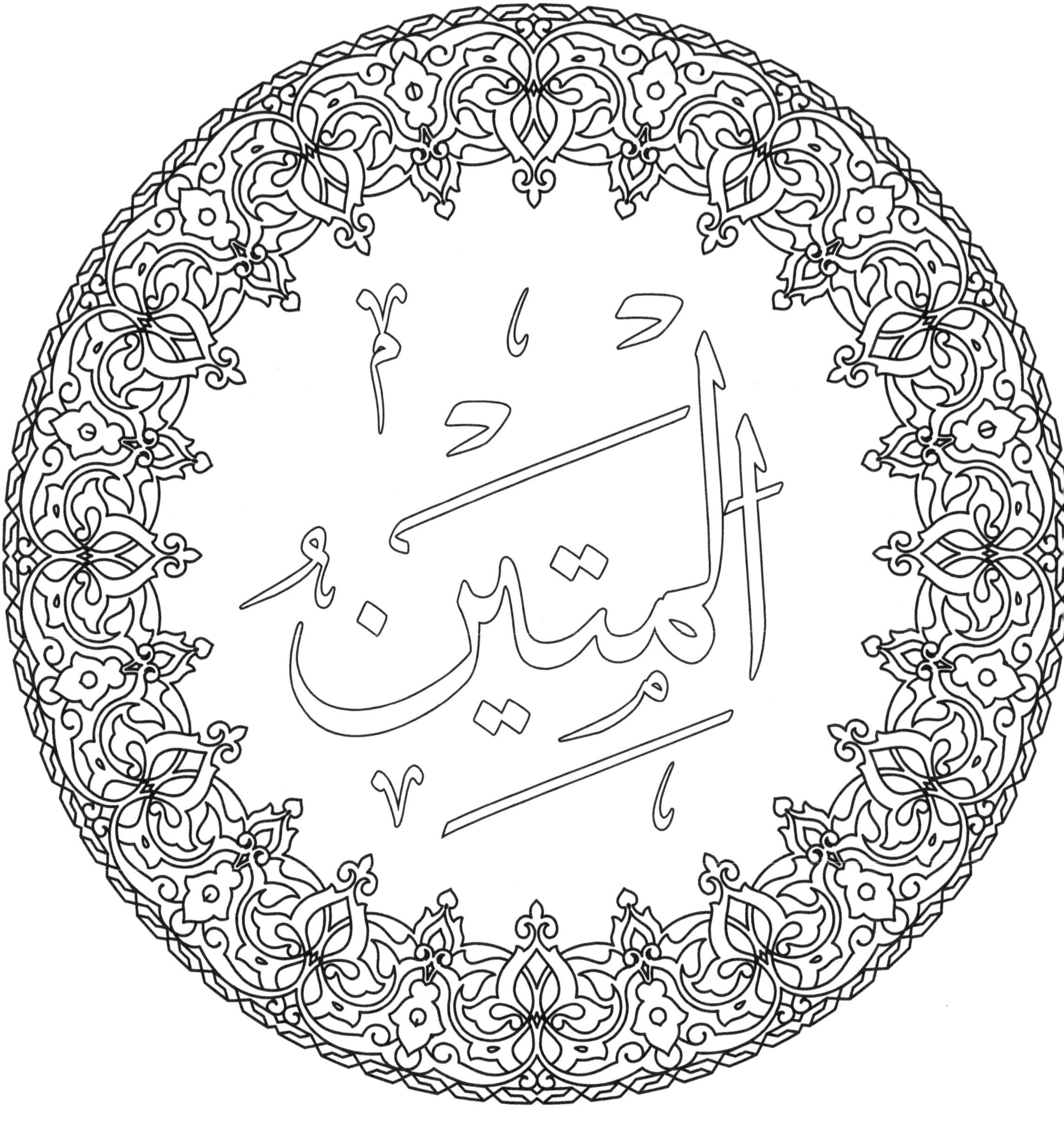
المتين

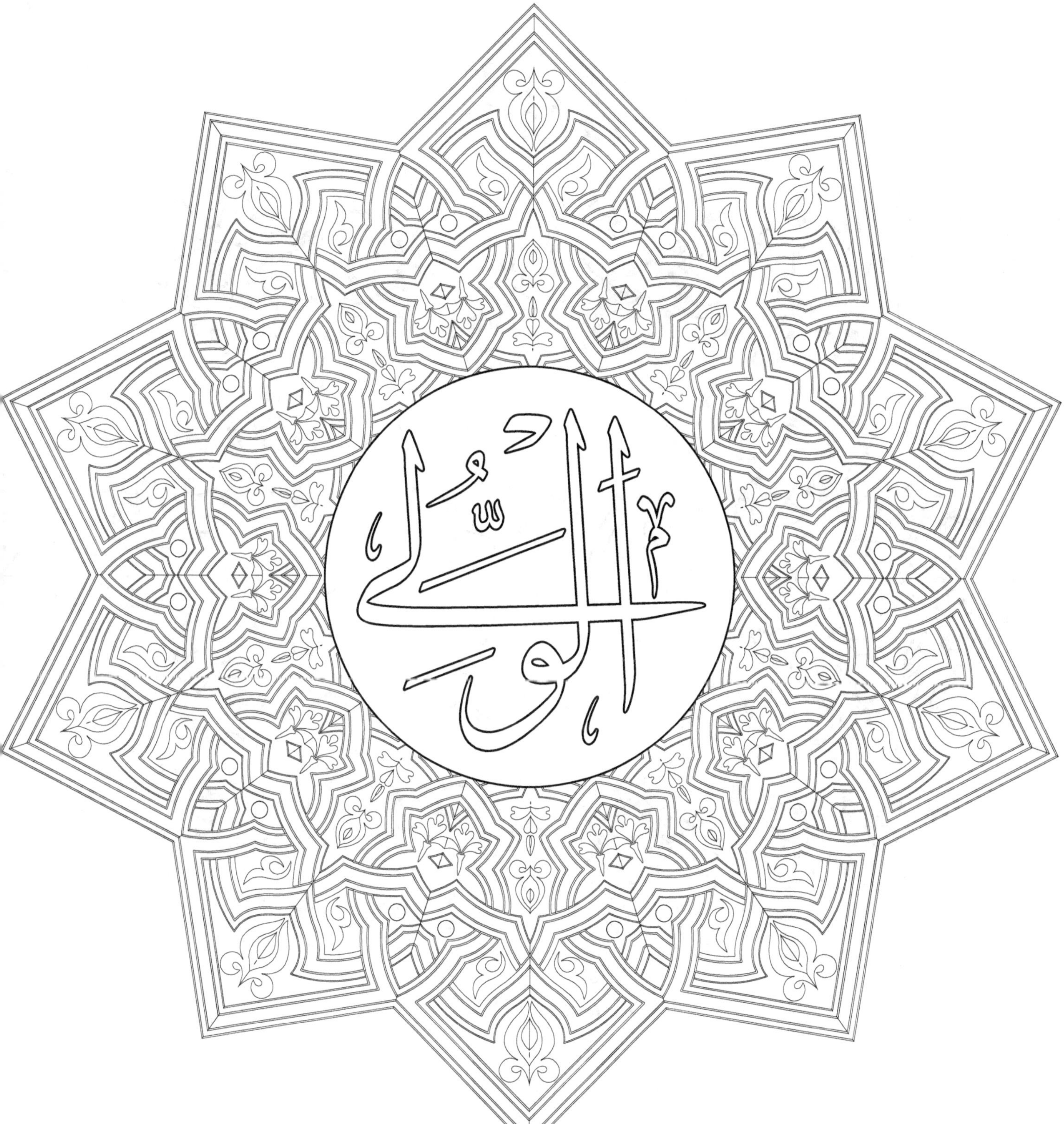
الولي

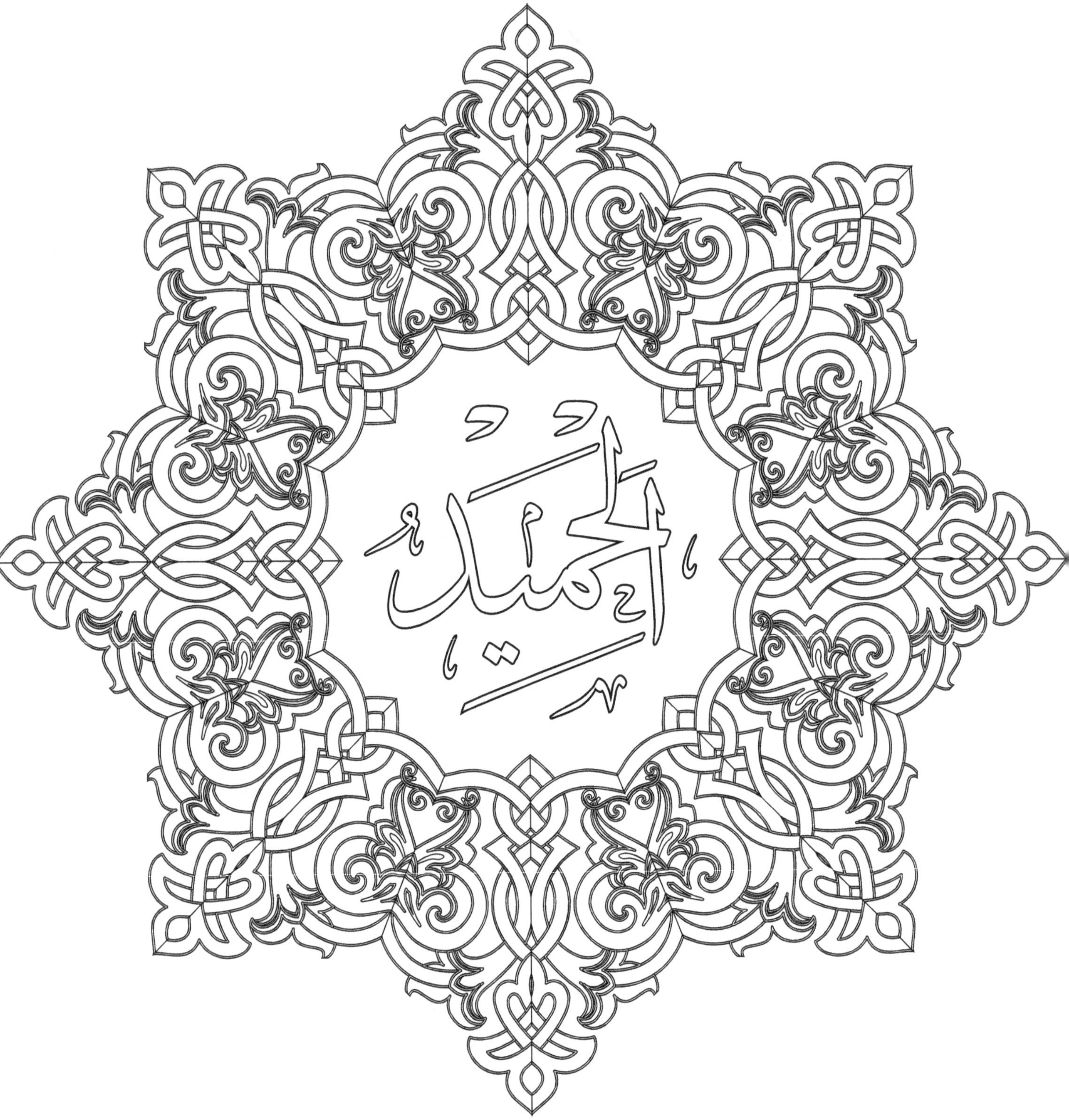
الْحَمِيدُ

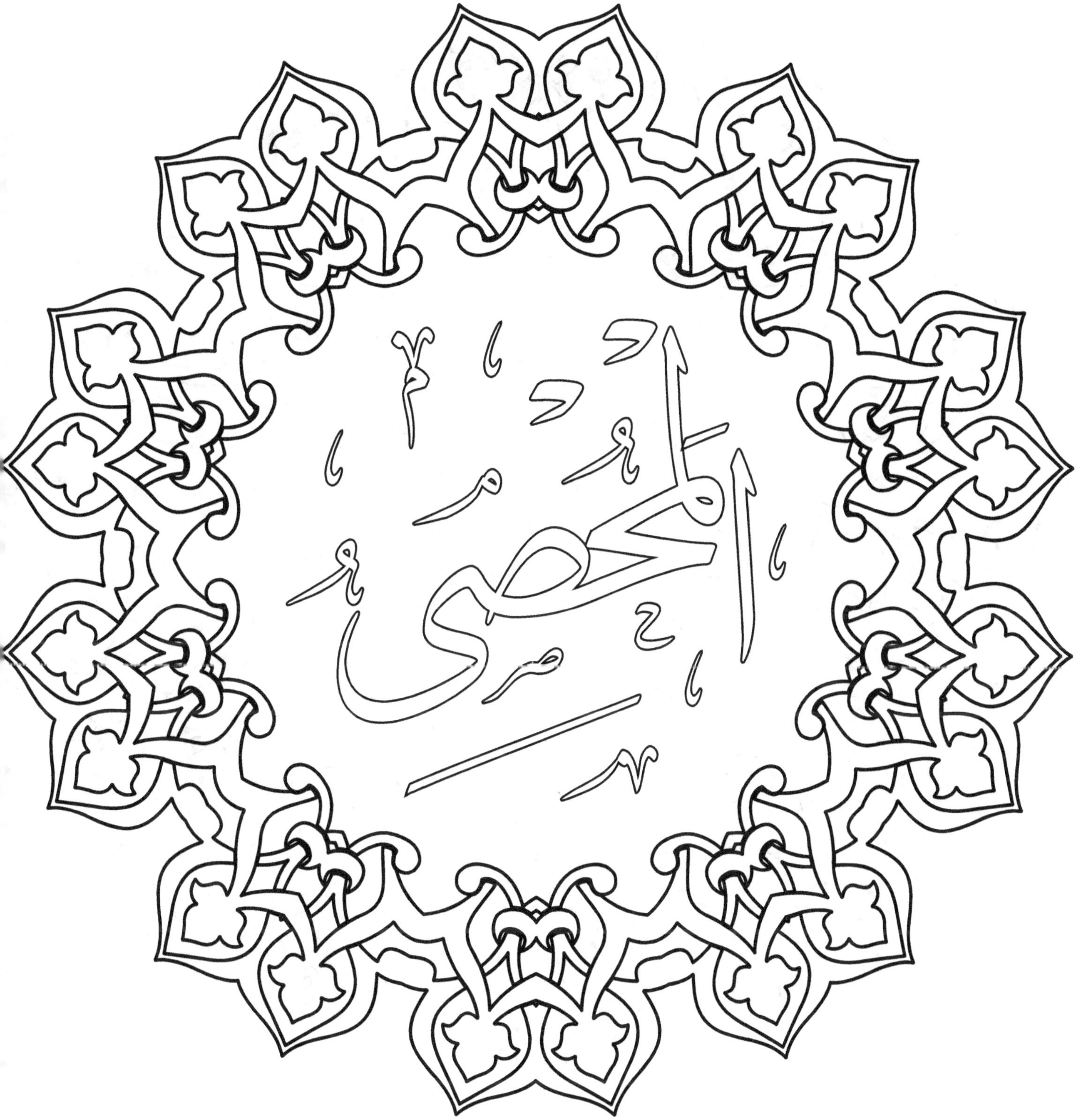
المحصي

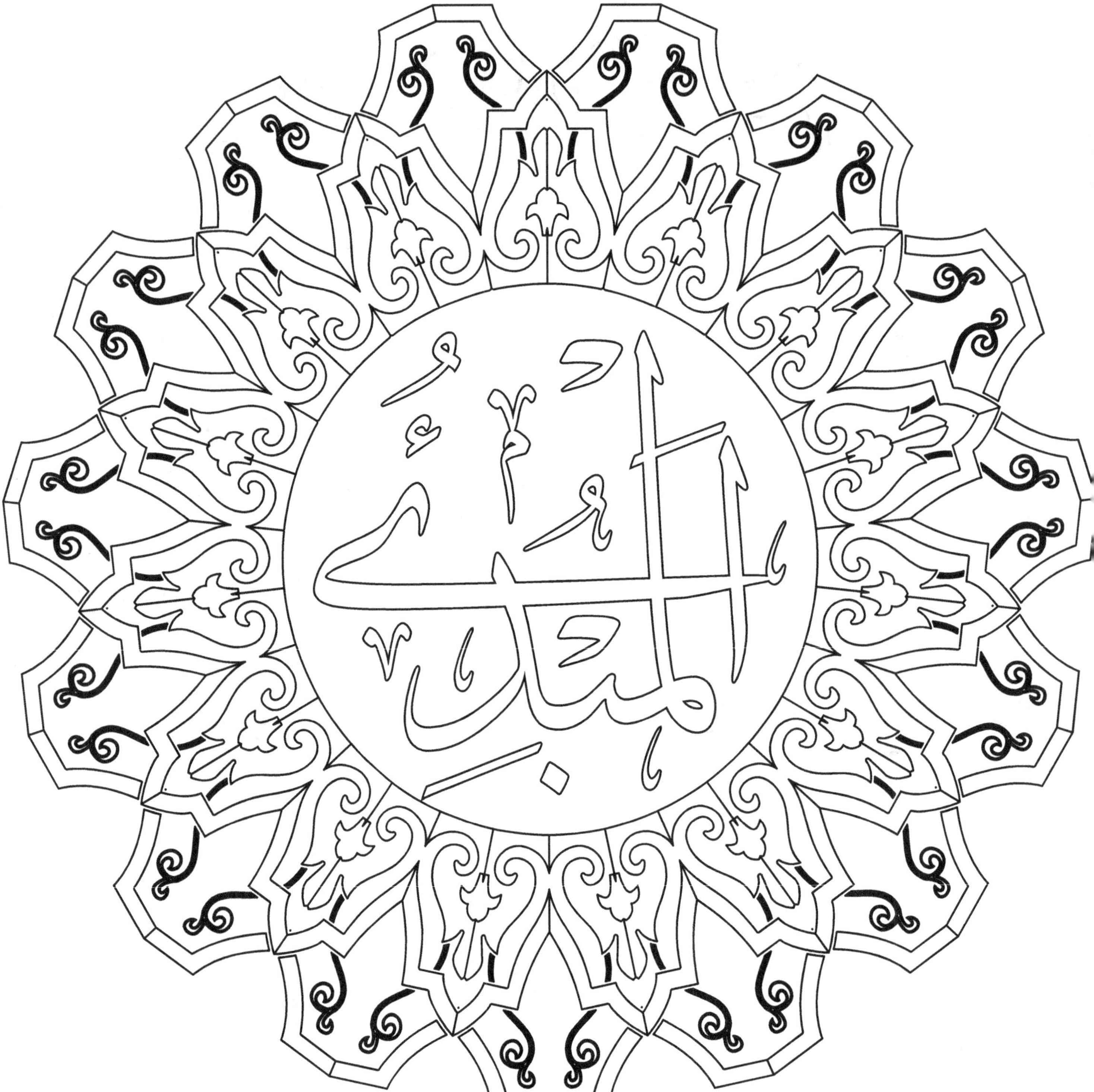

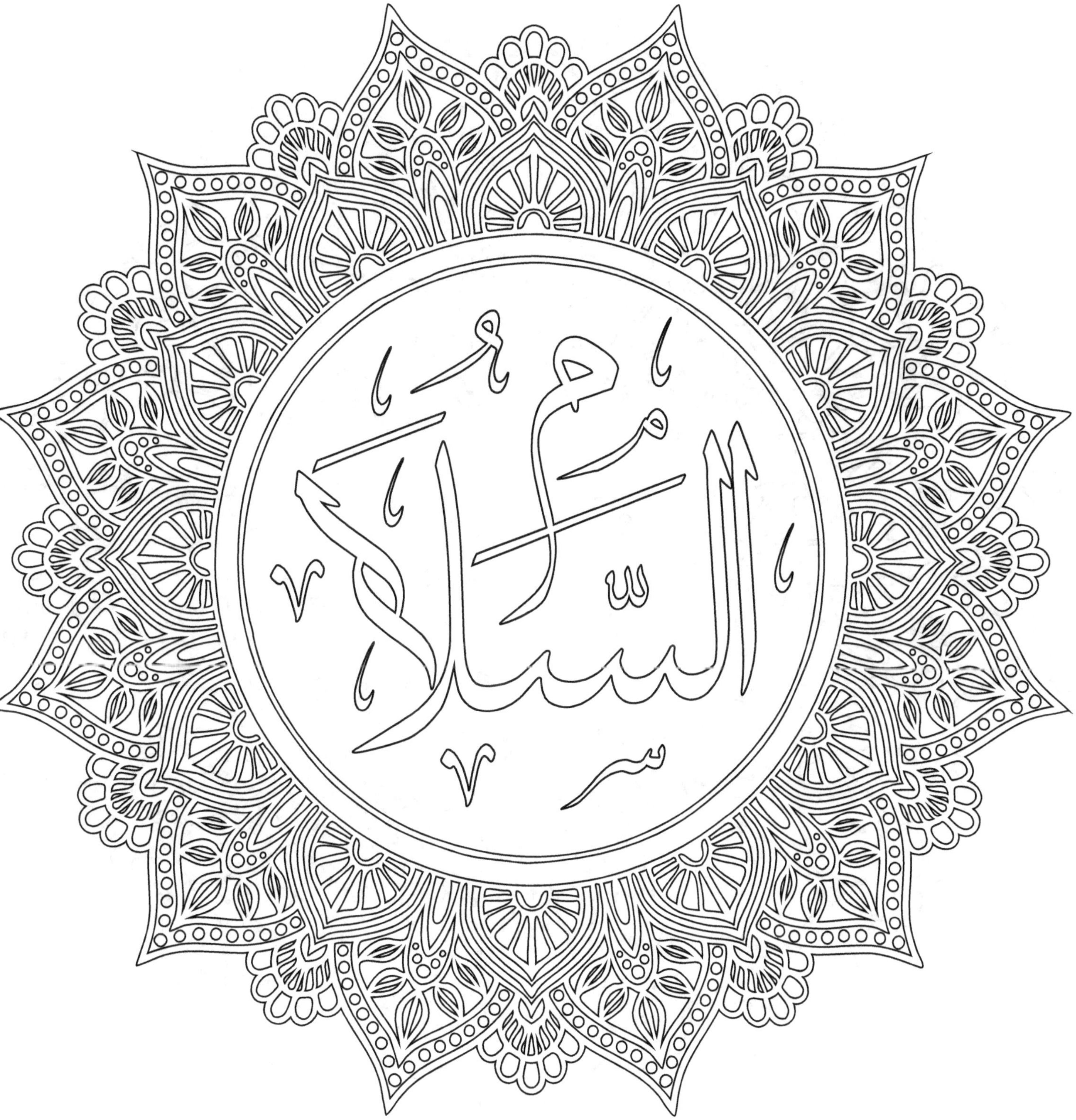
السلام

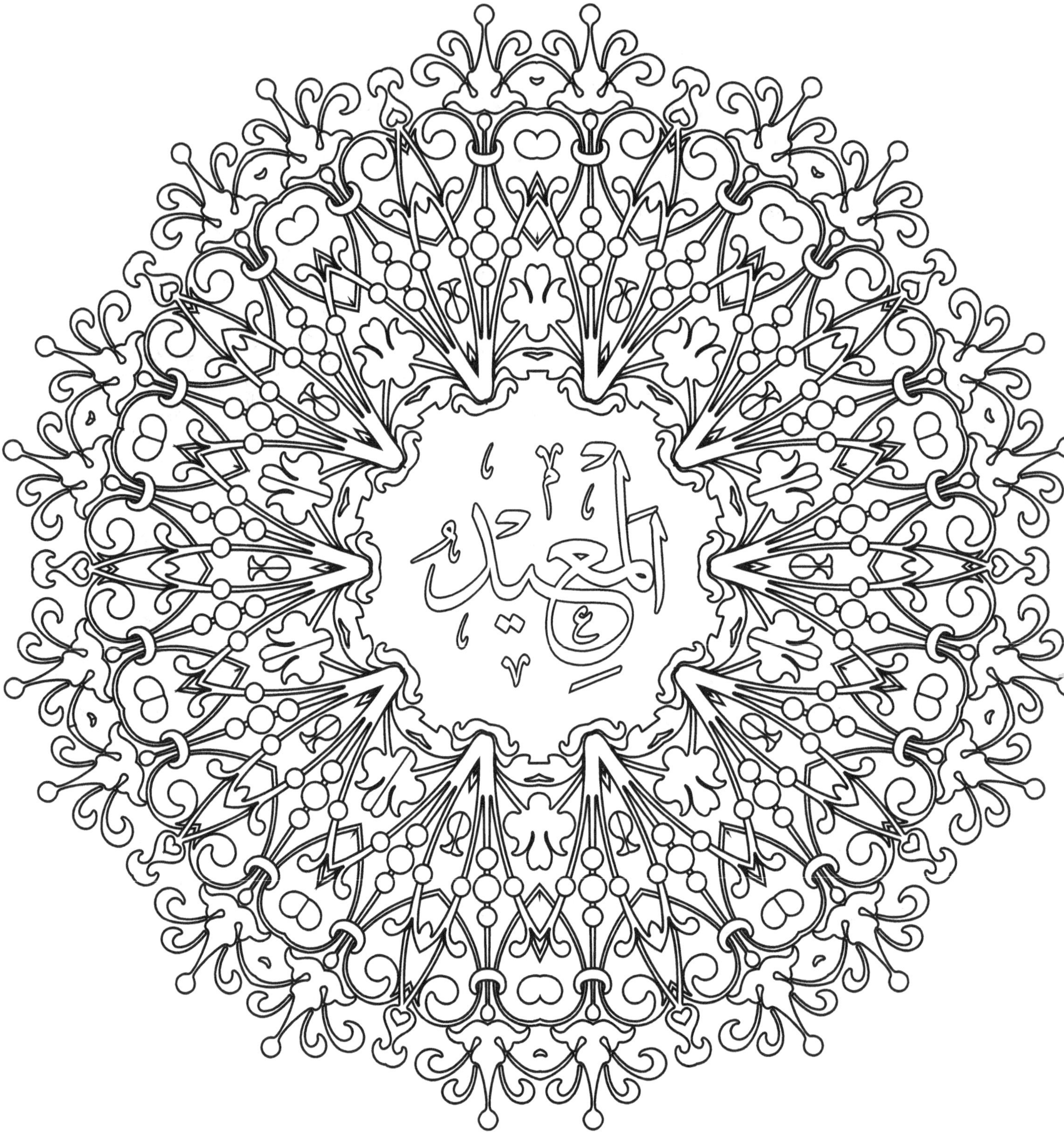
المعيد

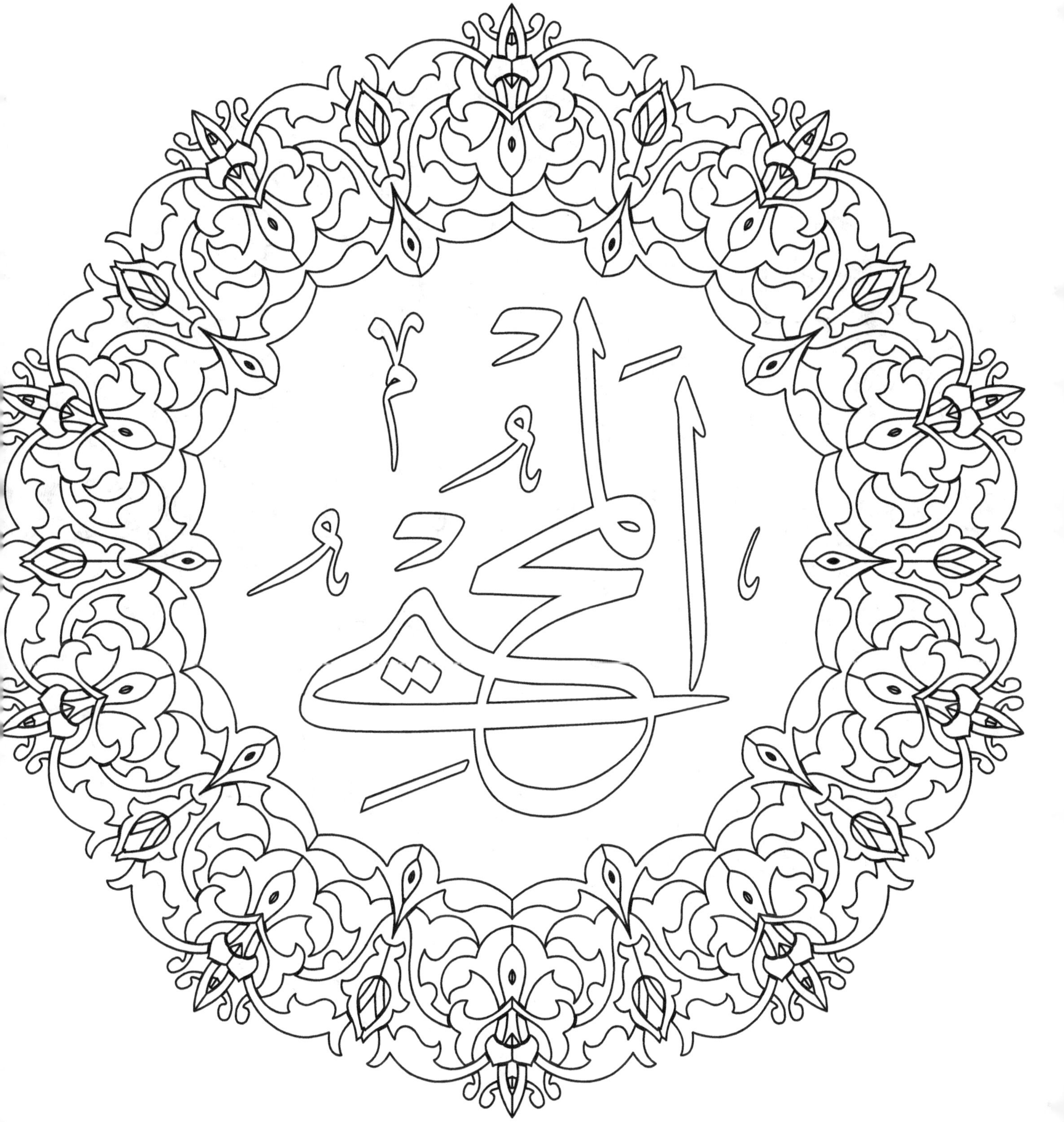
المحيي

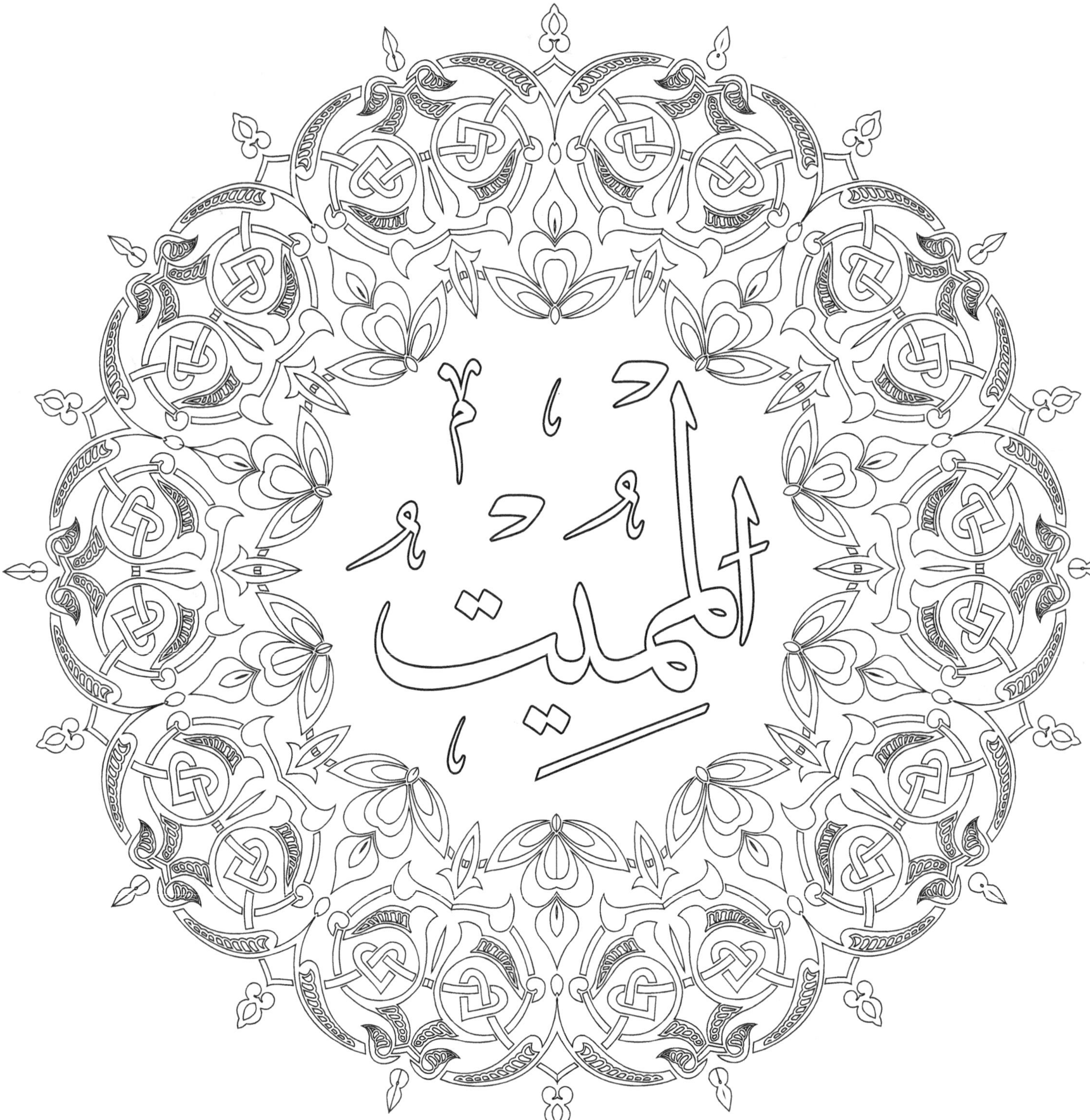
الْمُمِيتُ

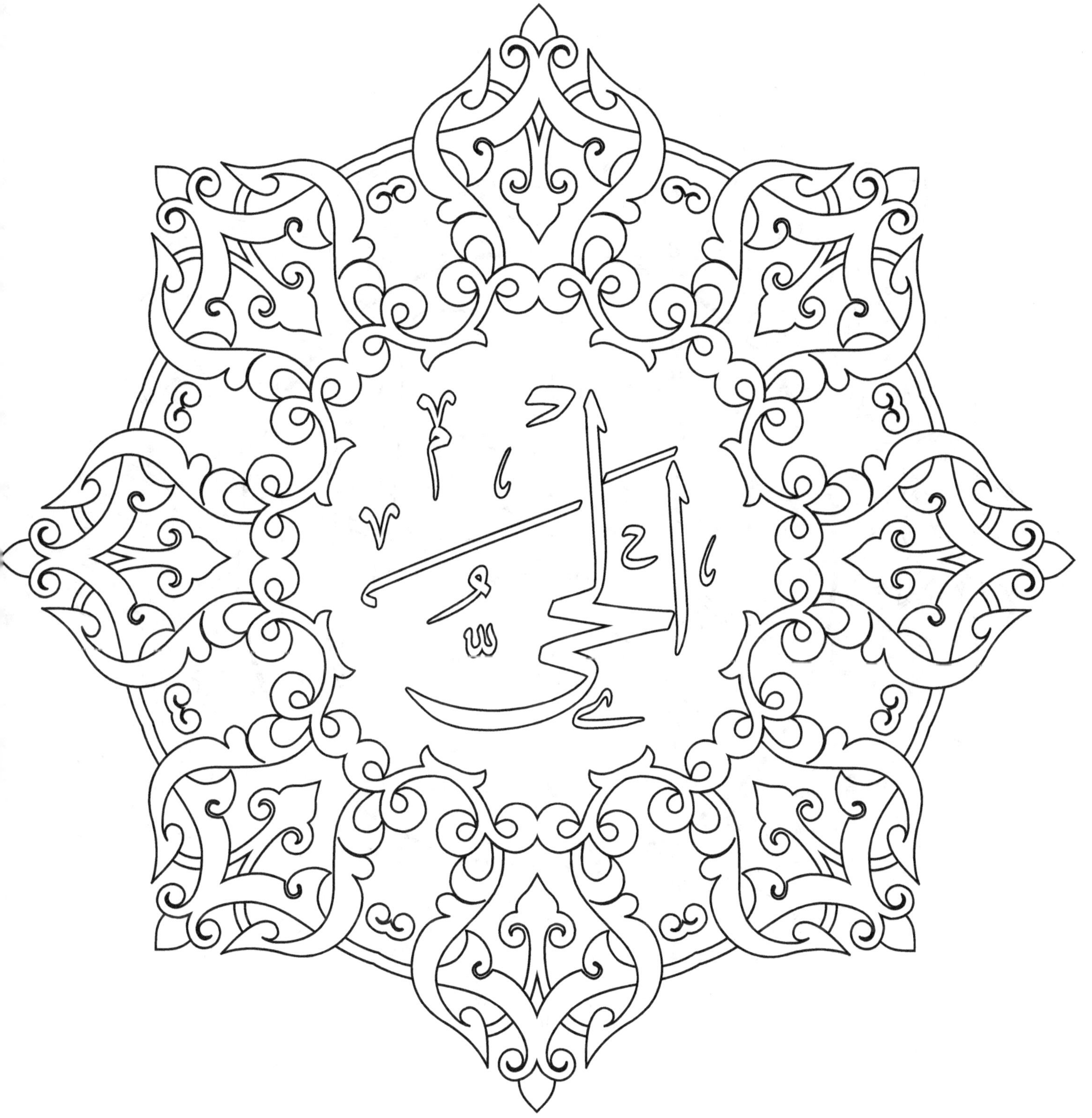

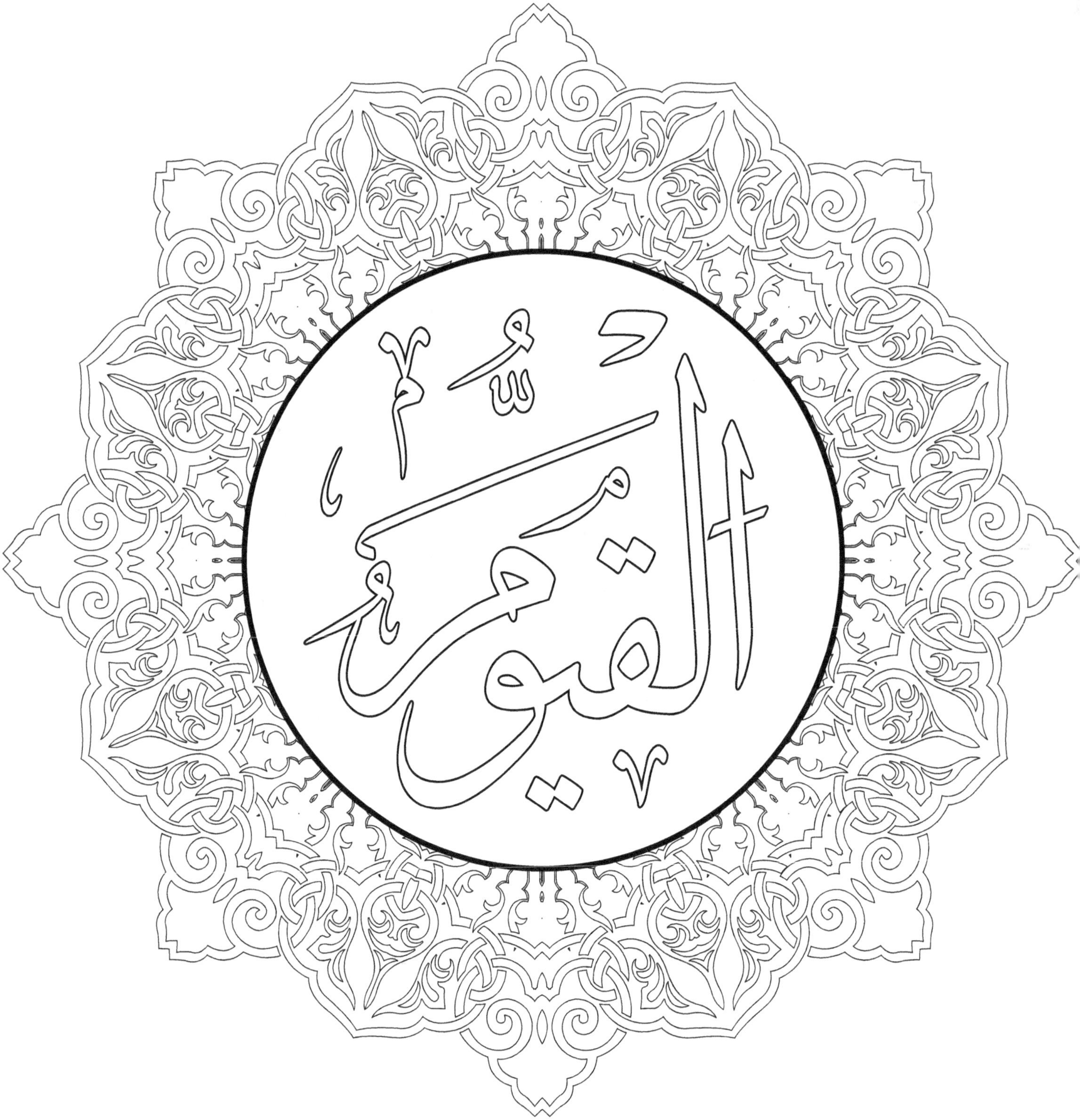
القيوم

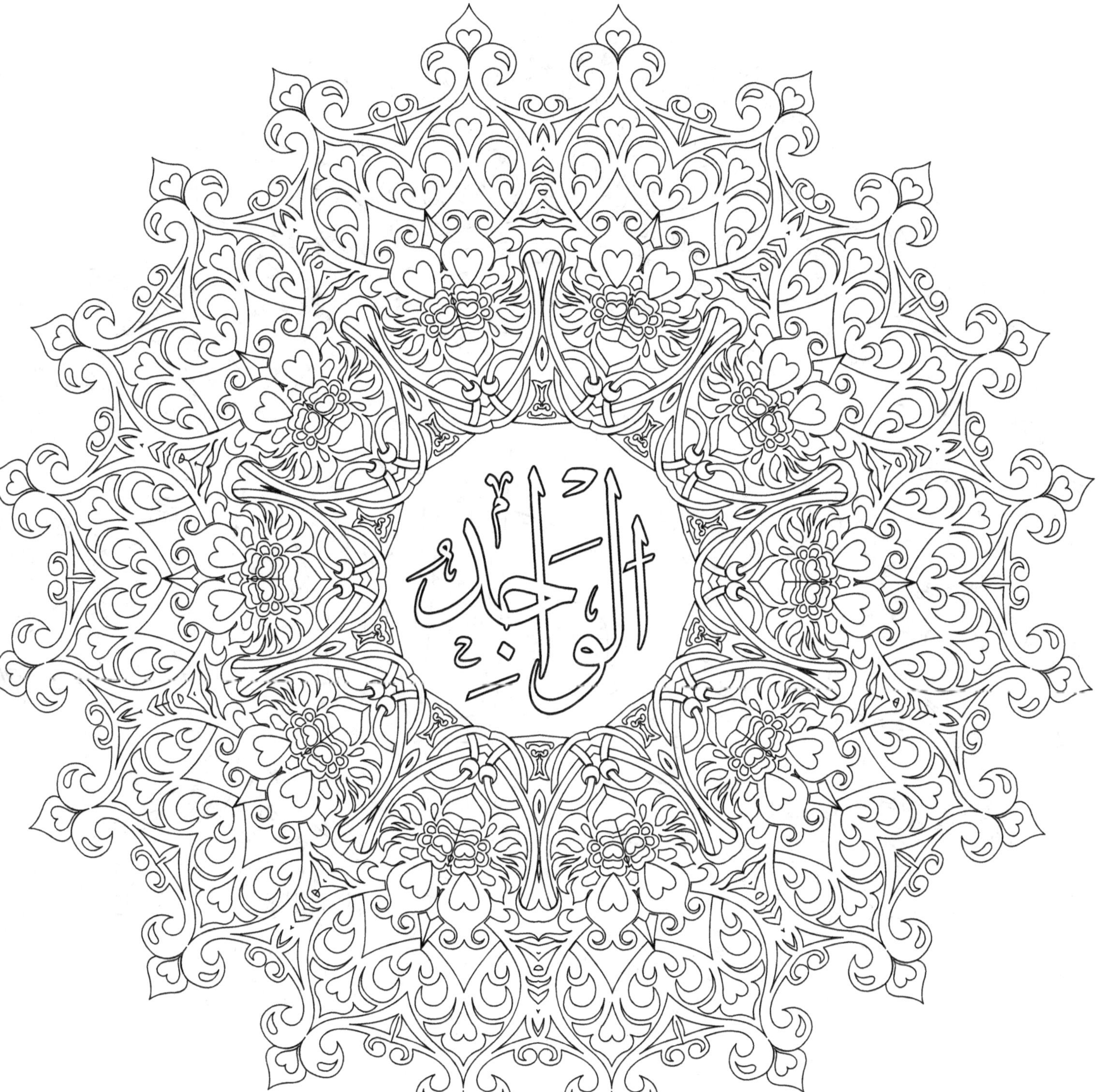
الواحد

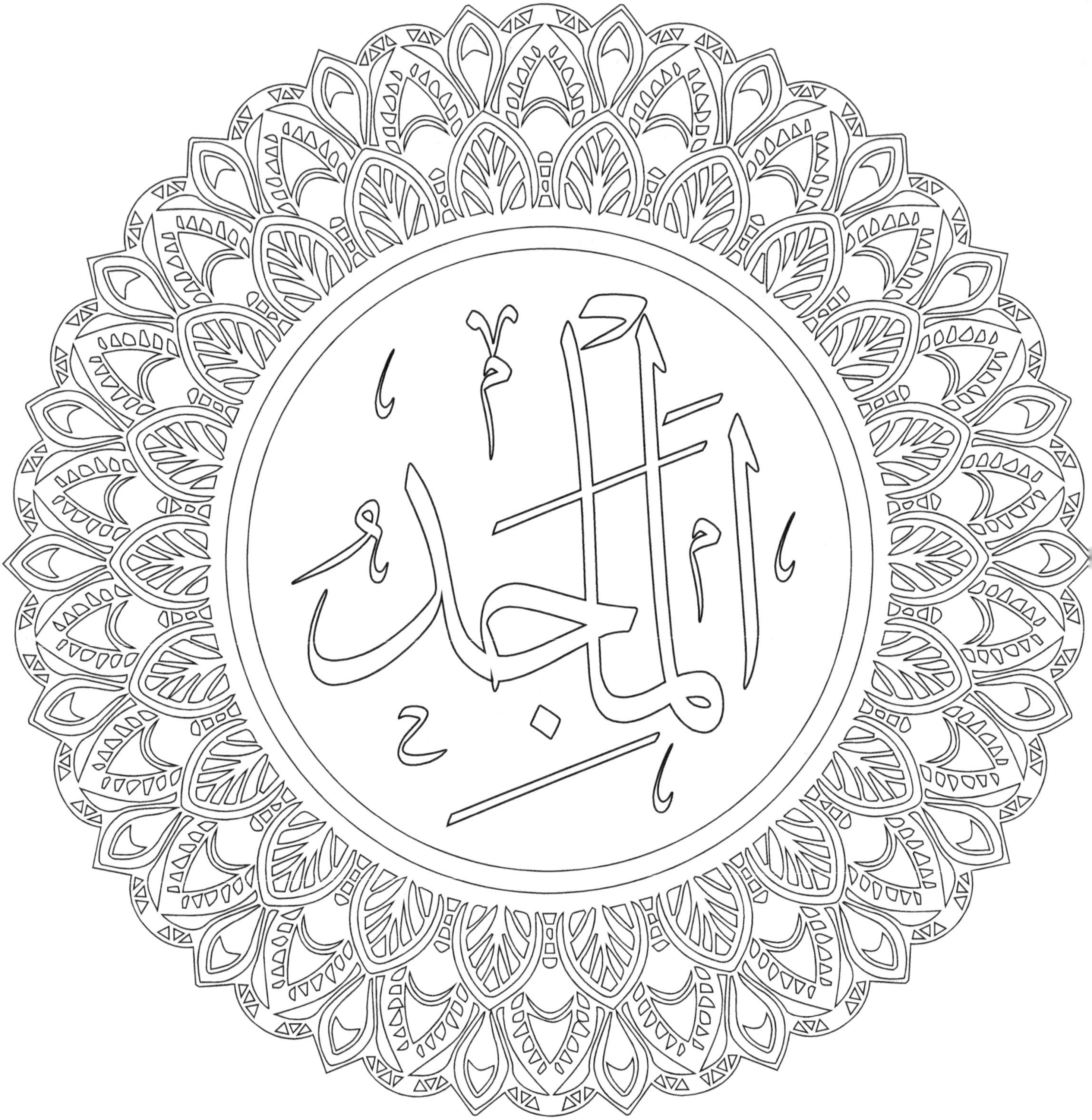
الماجد

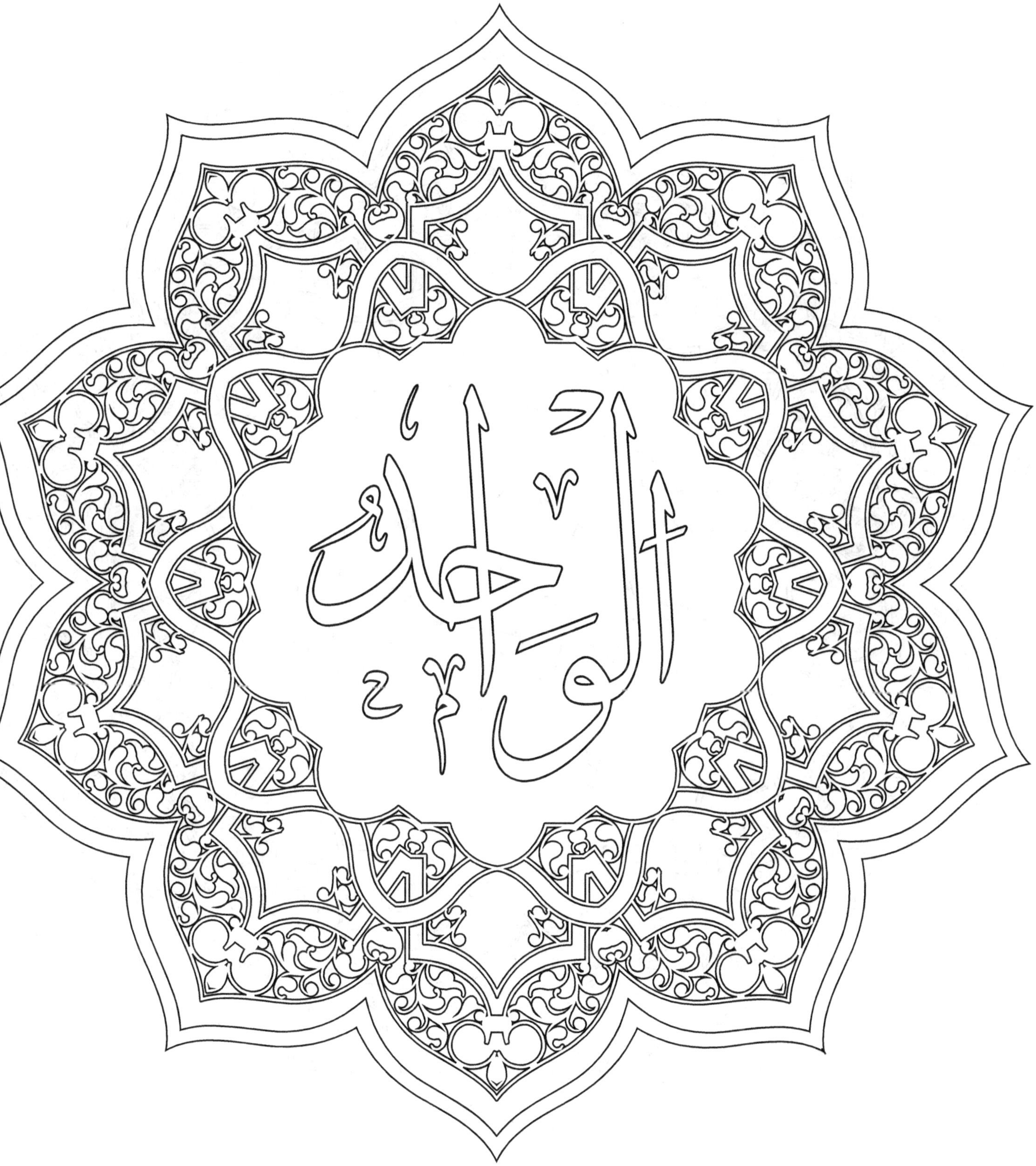
الْوَاحِدُ

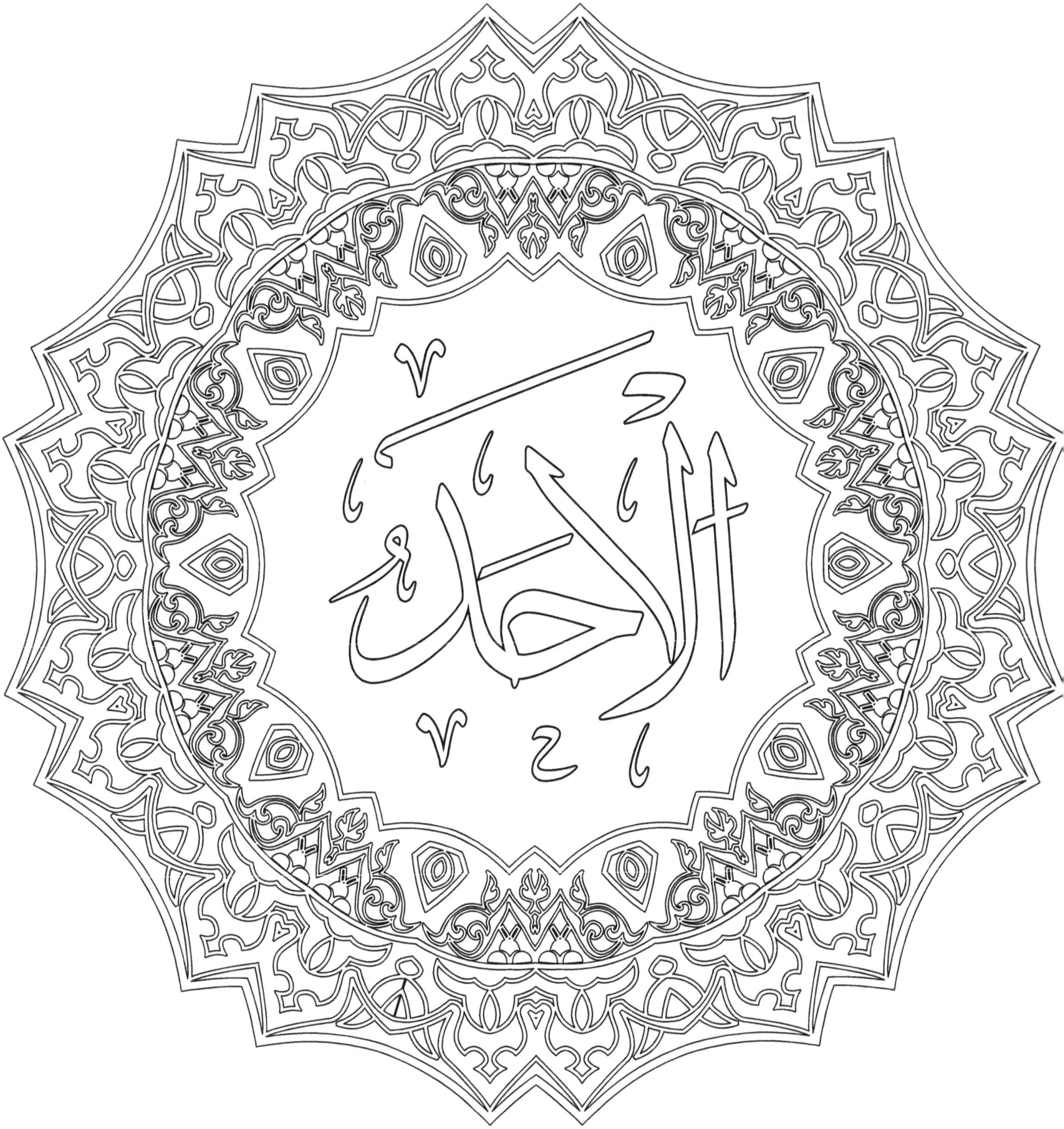
الأحد

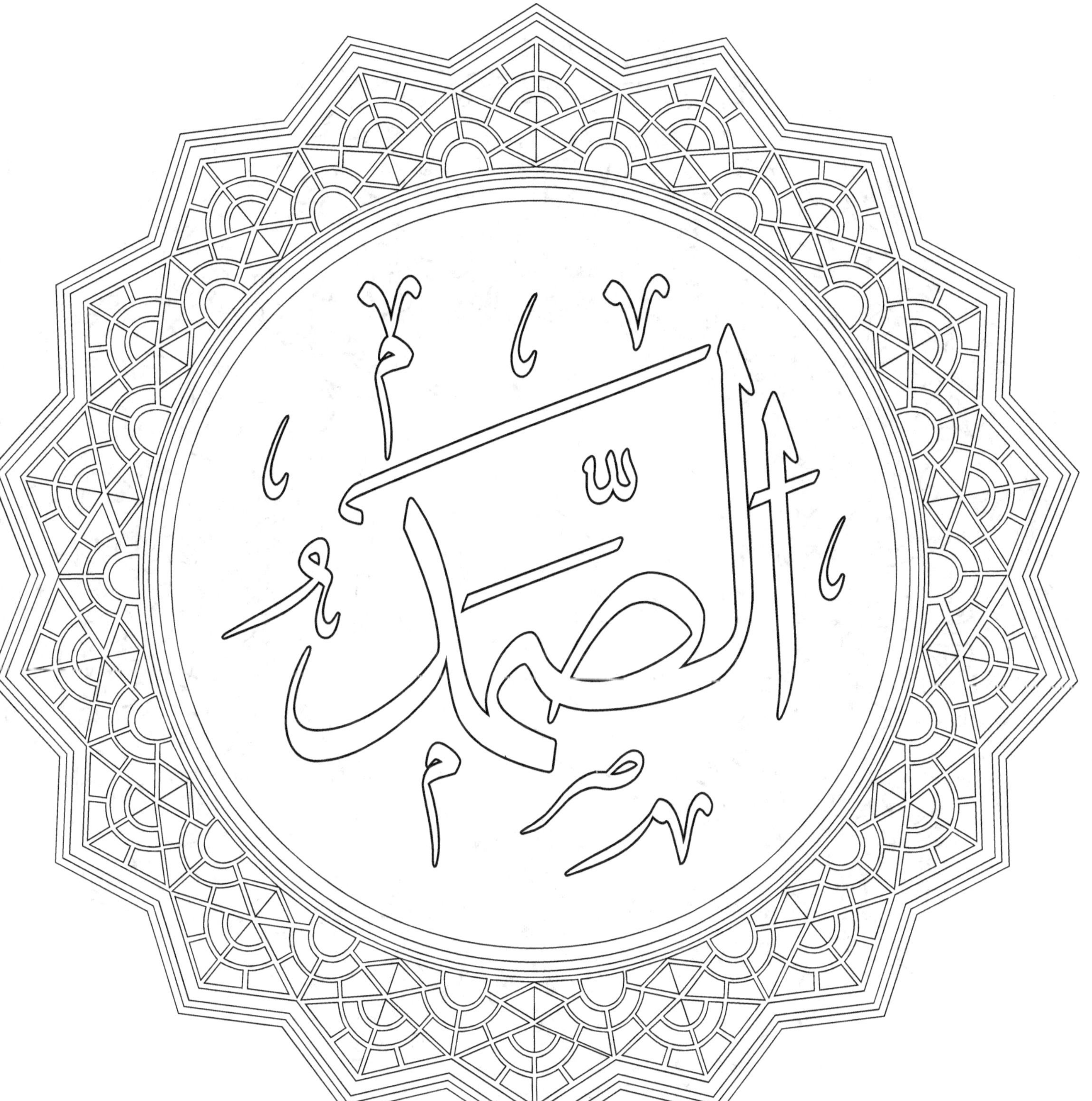
الصمد

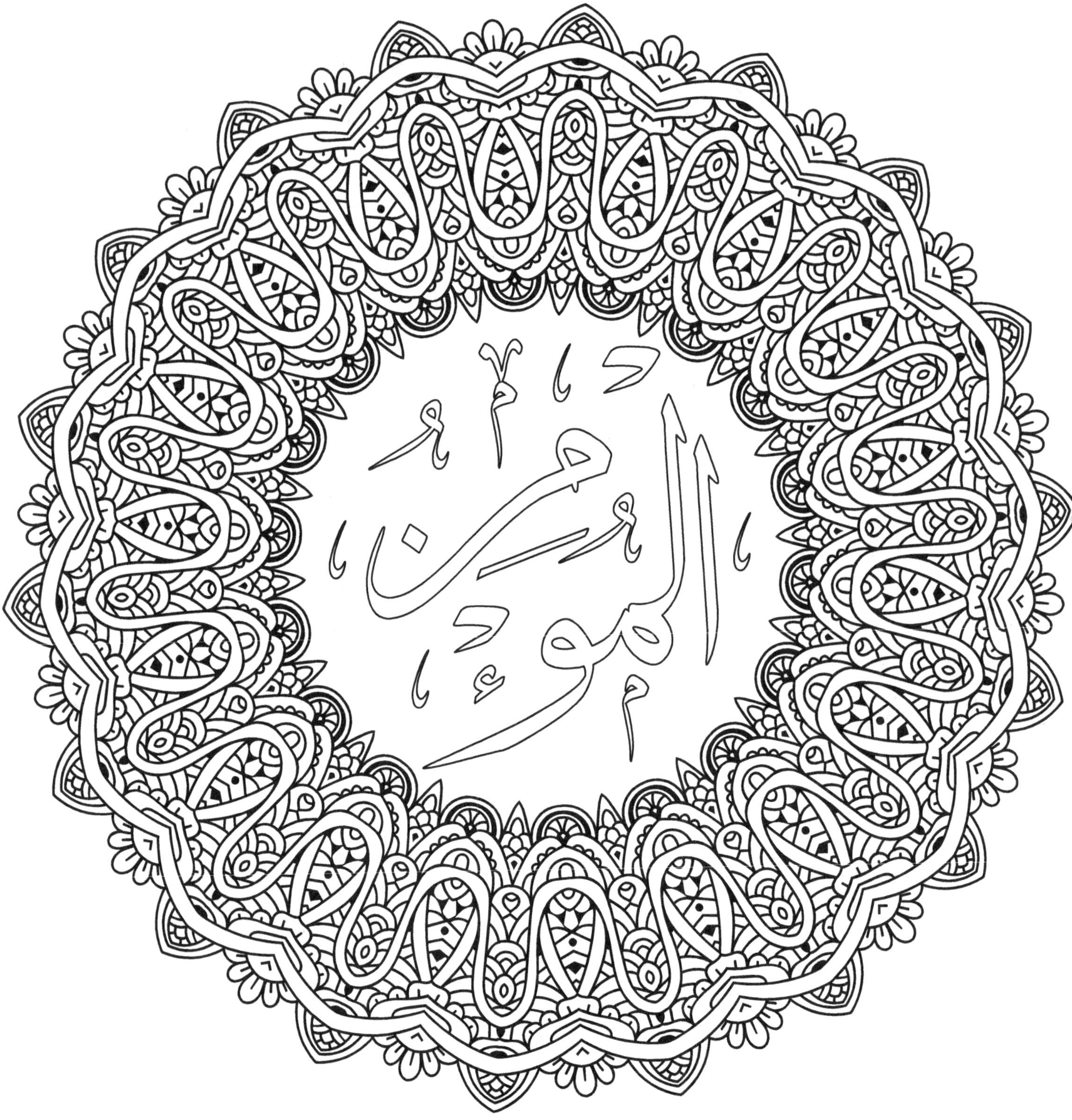
المؤمن

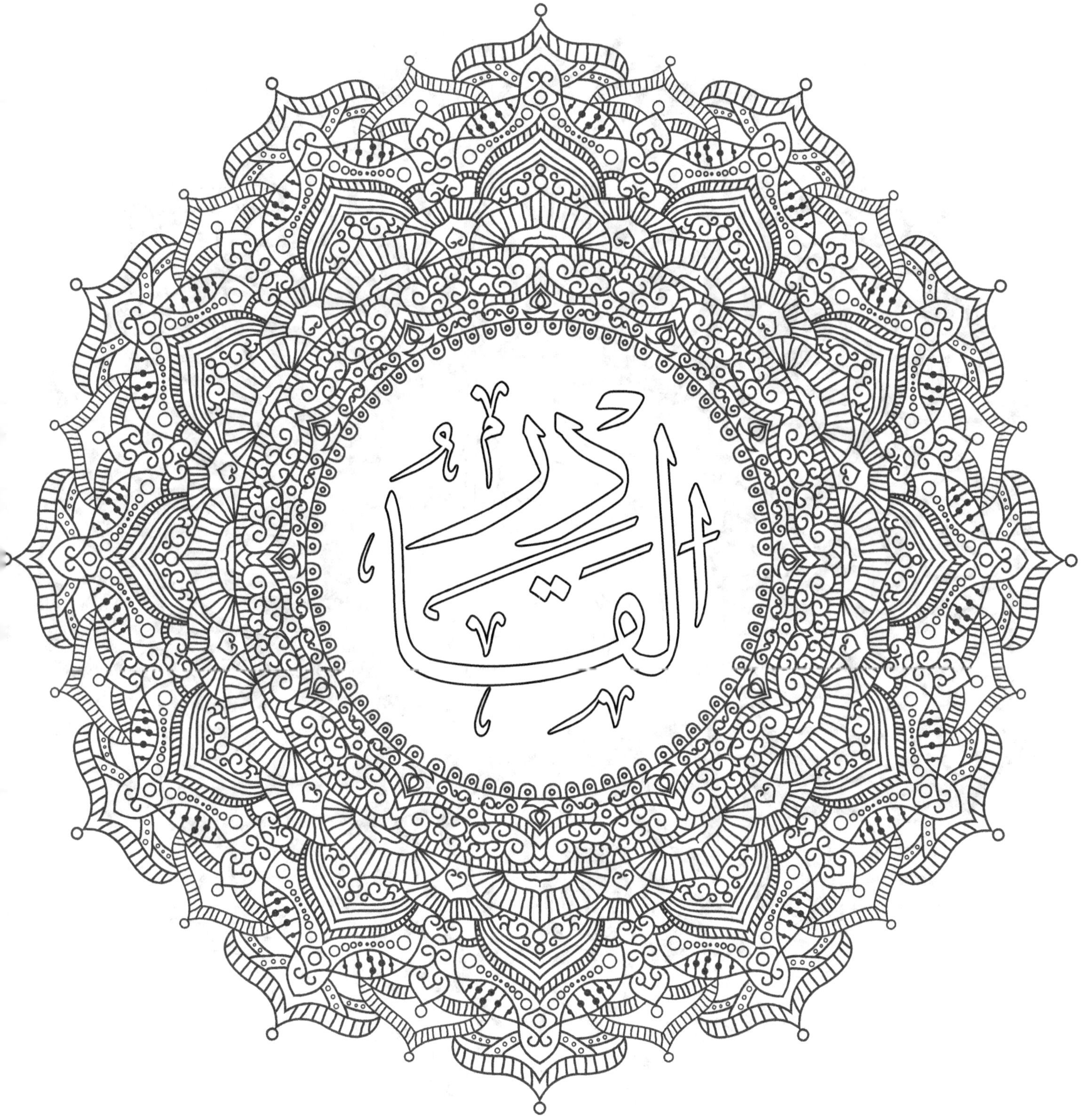
القادر

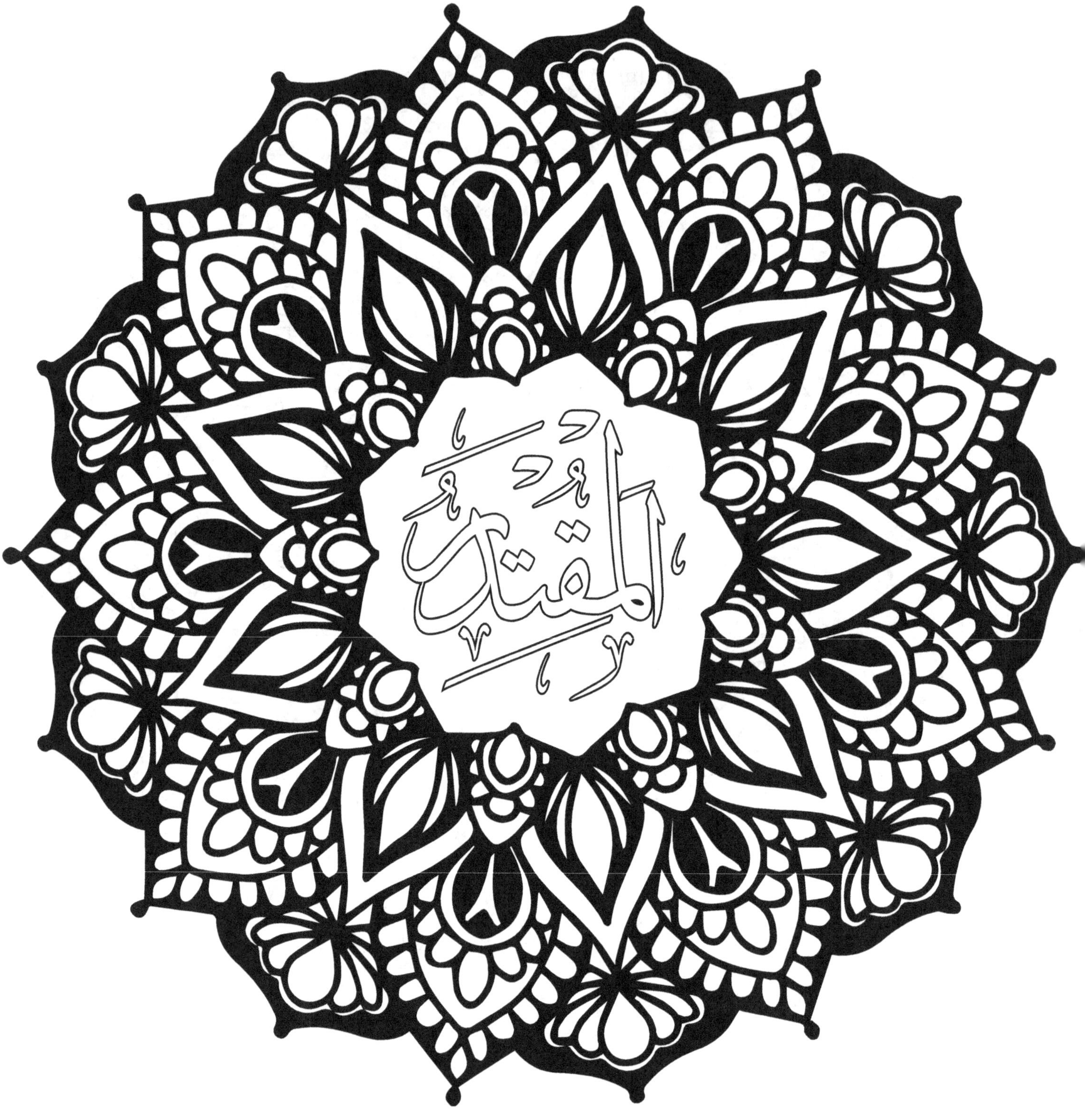
المقتدر

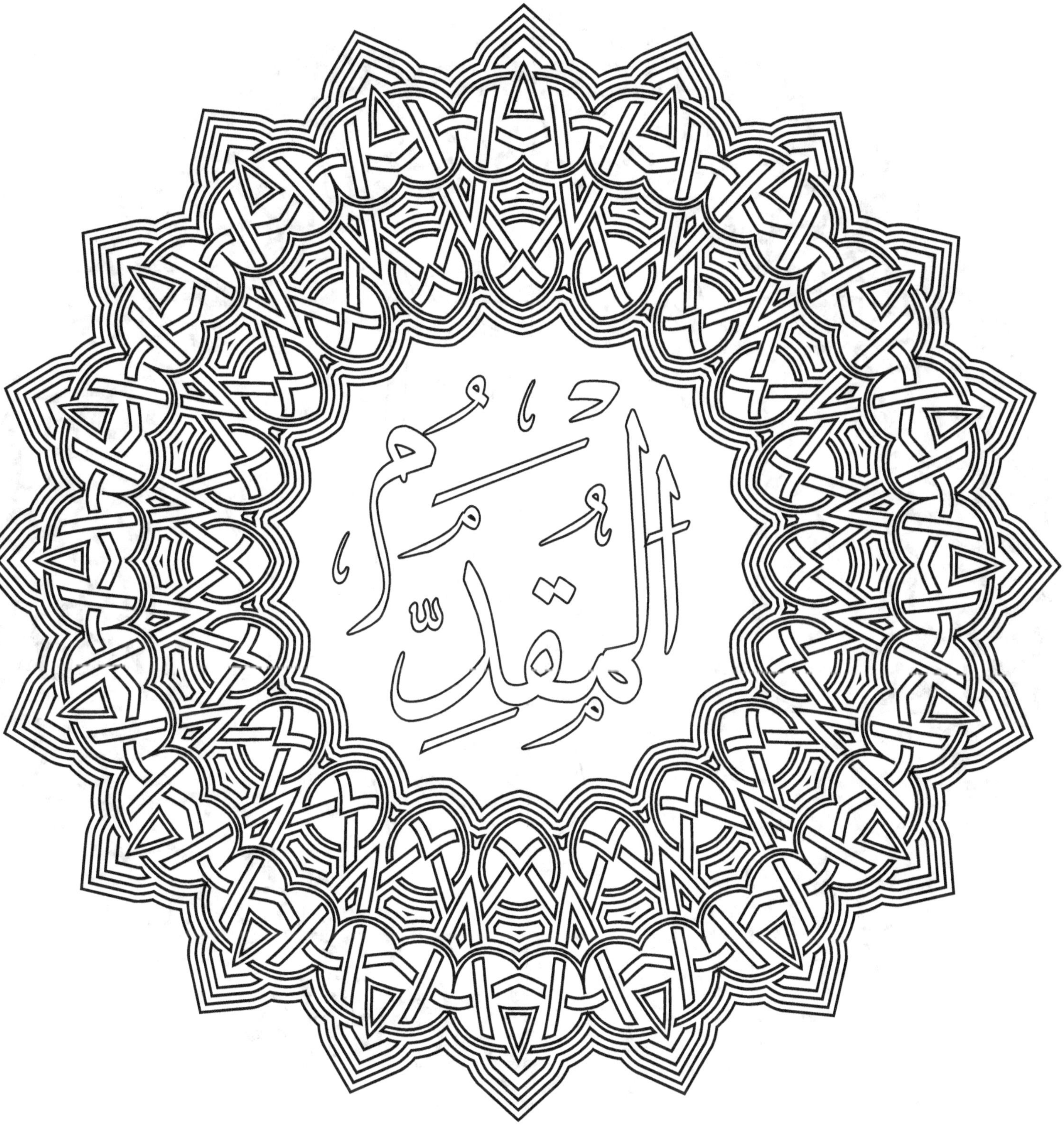
المقدم

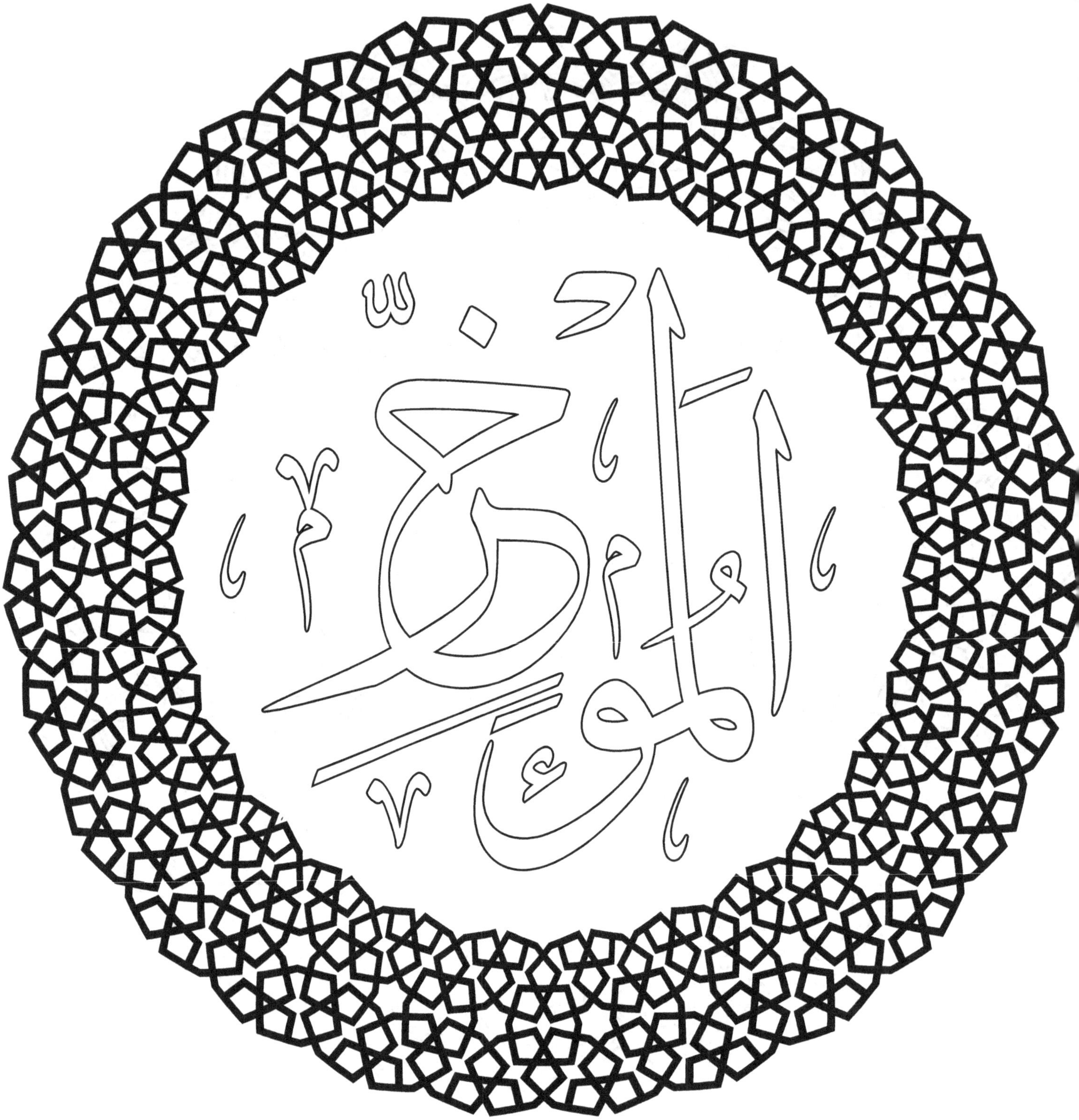
المؤخر

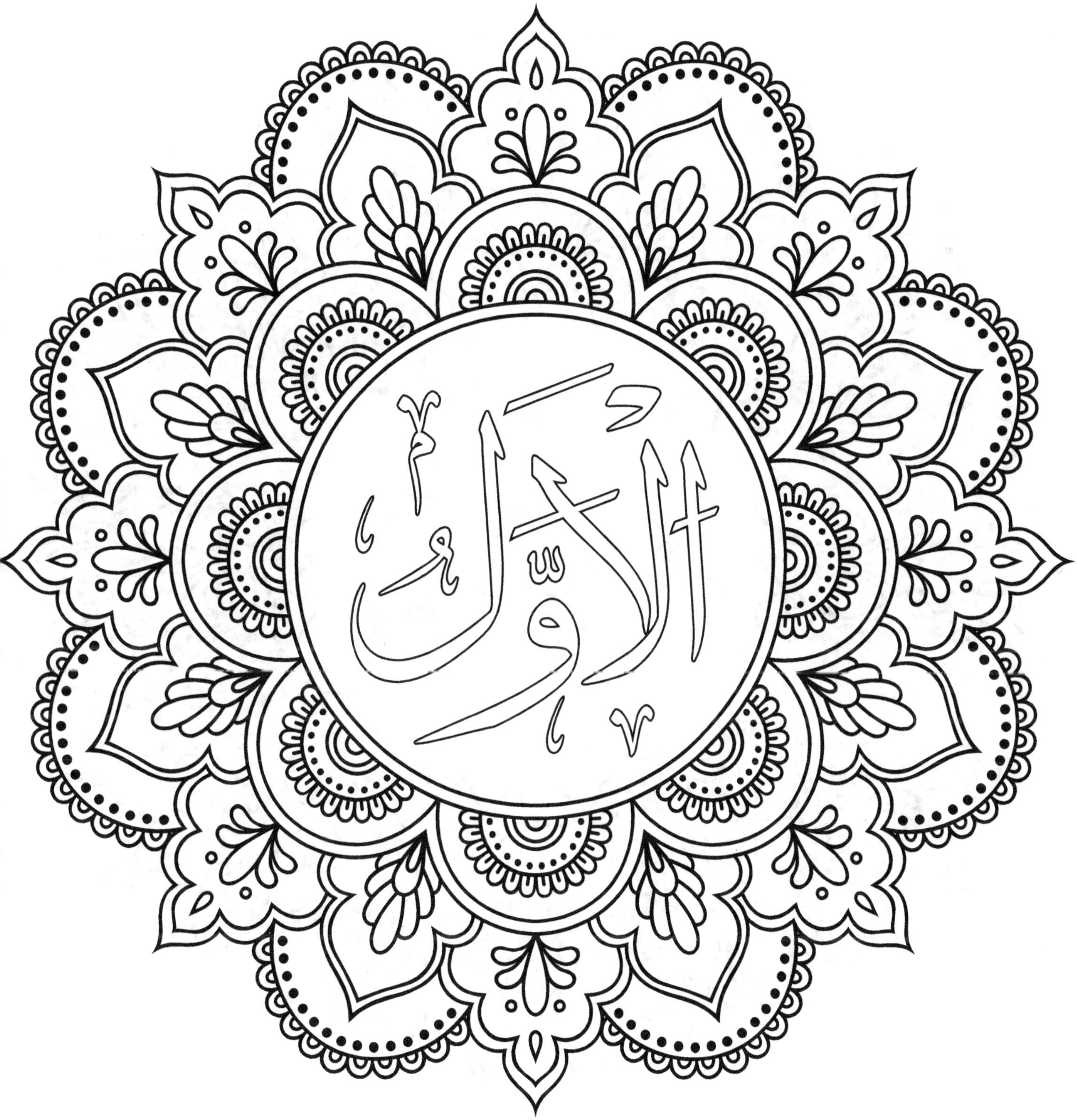
الأول

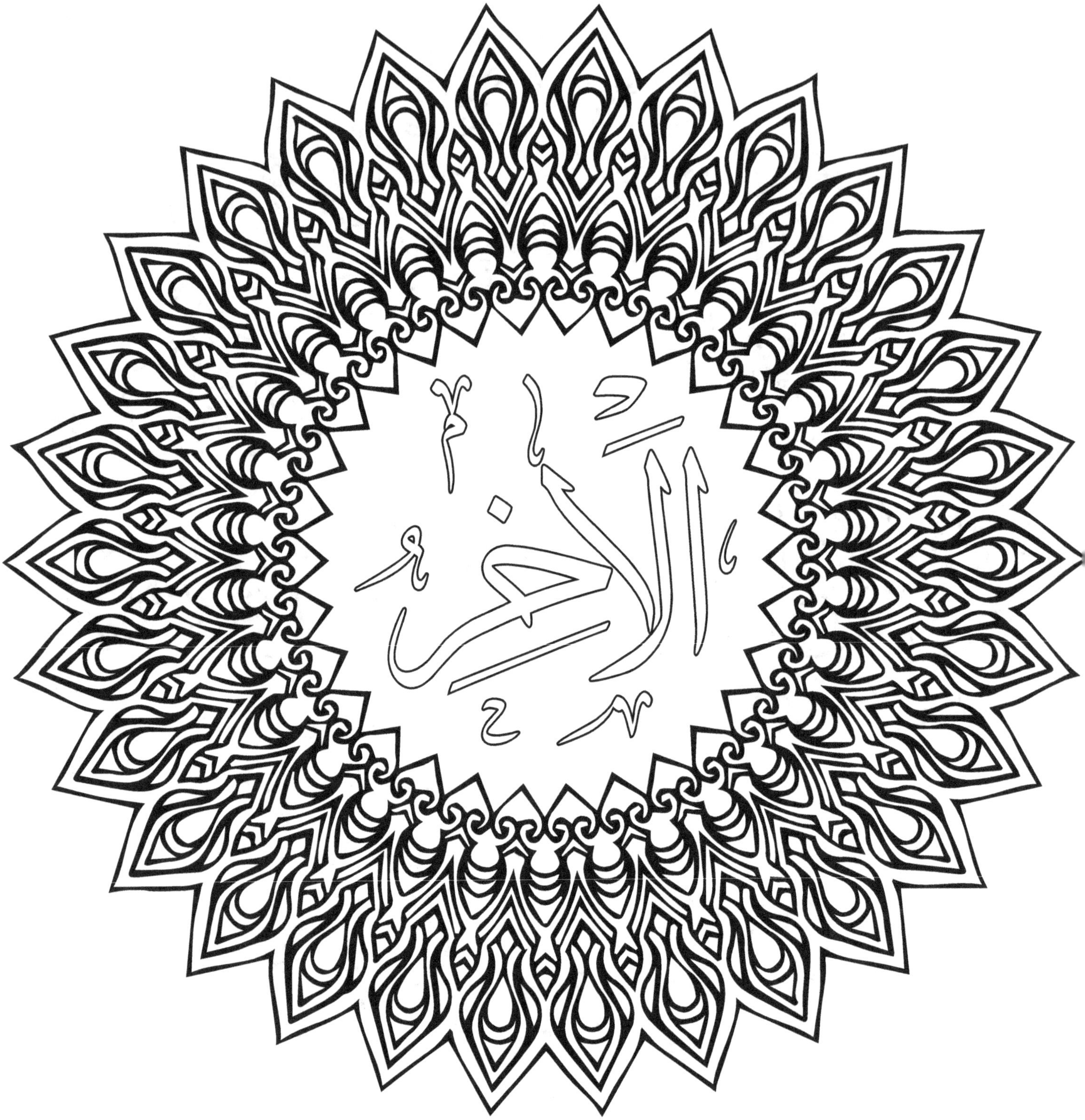
الآخر

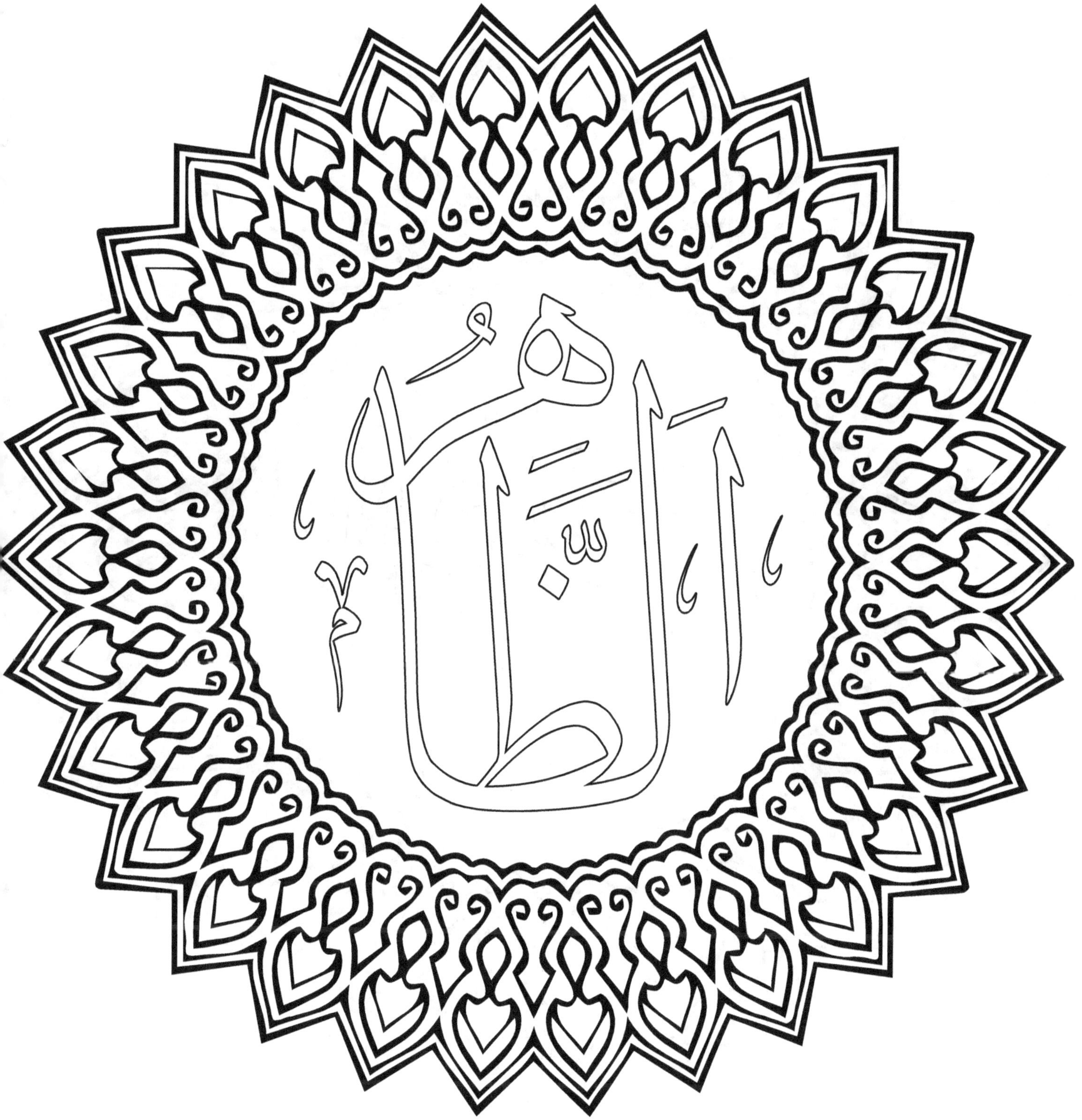

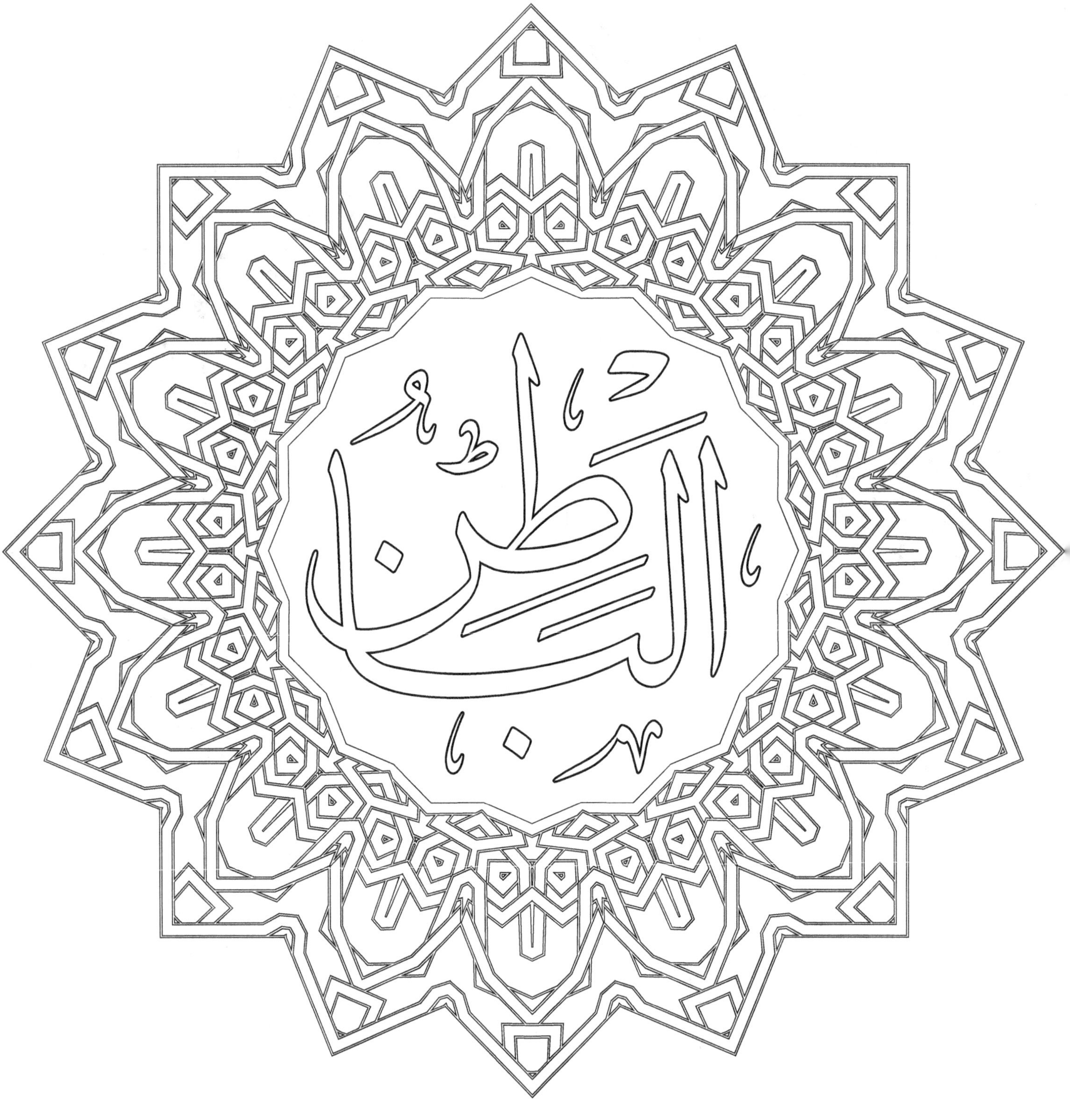
الباطن

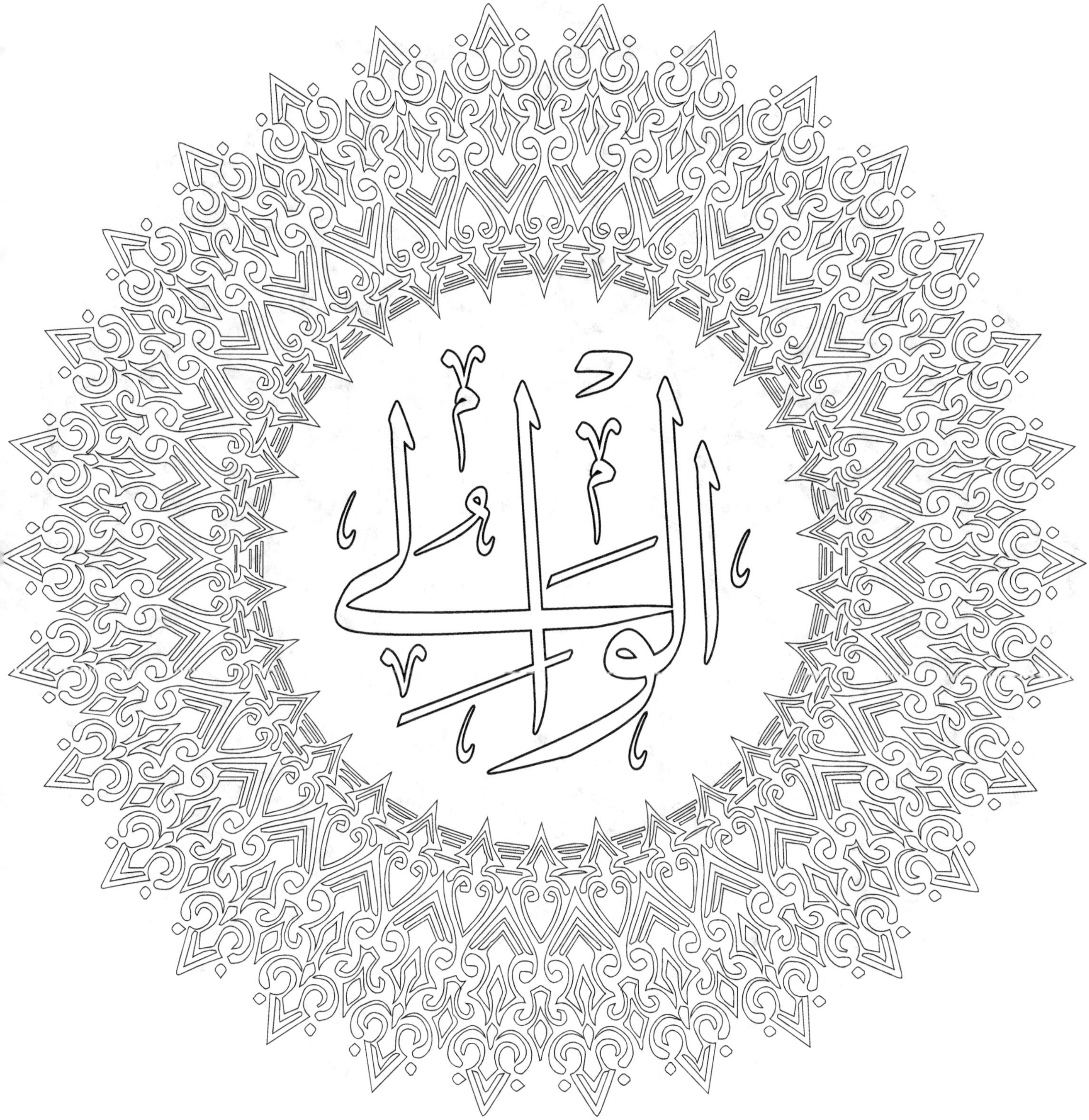
الوالي

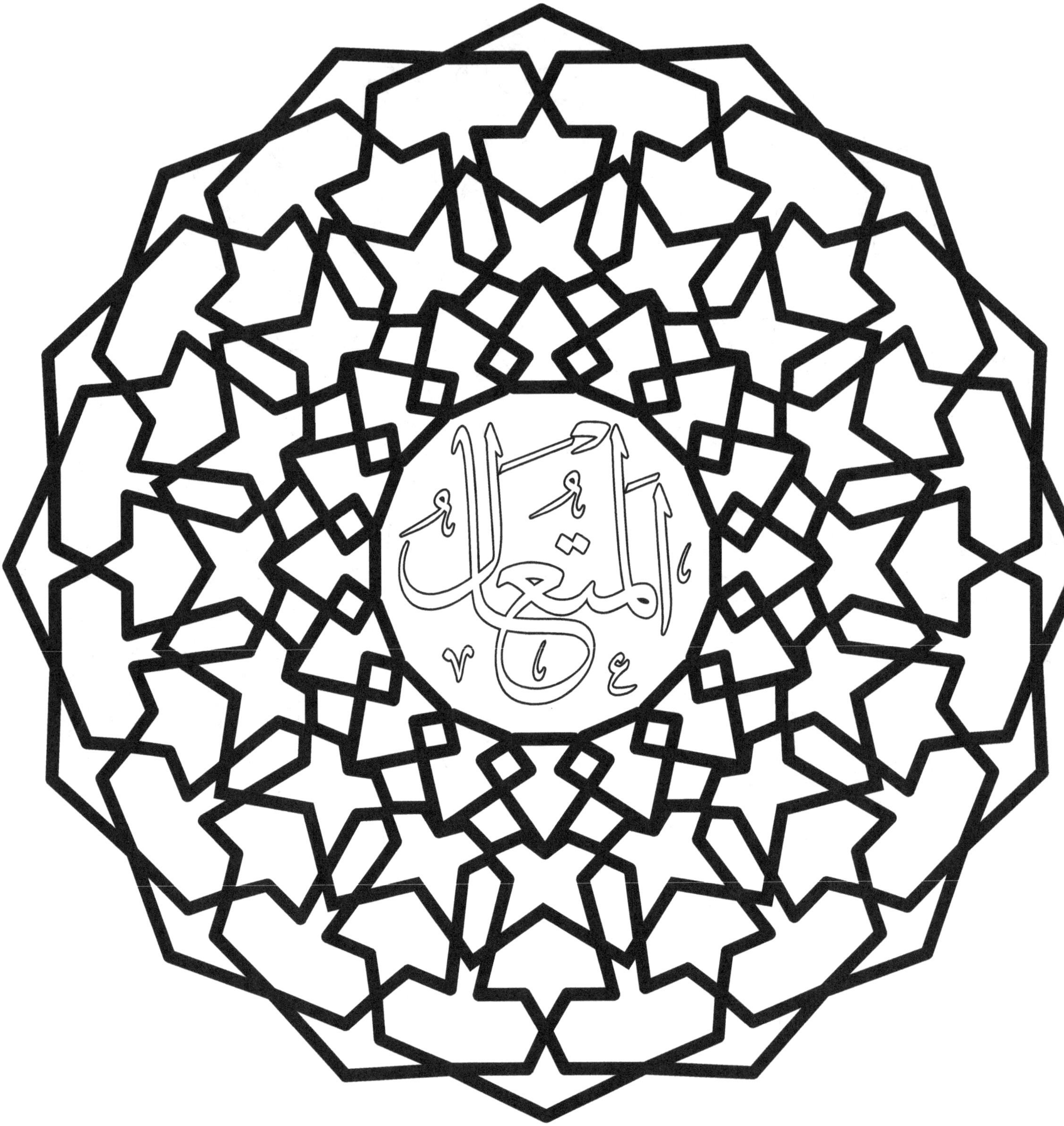
المتعال

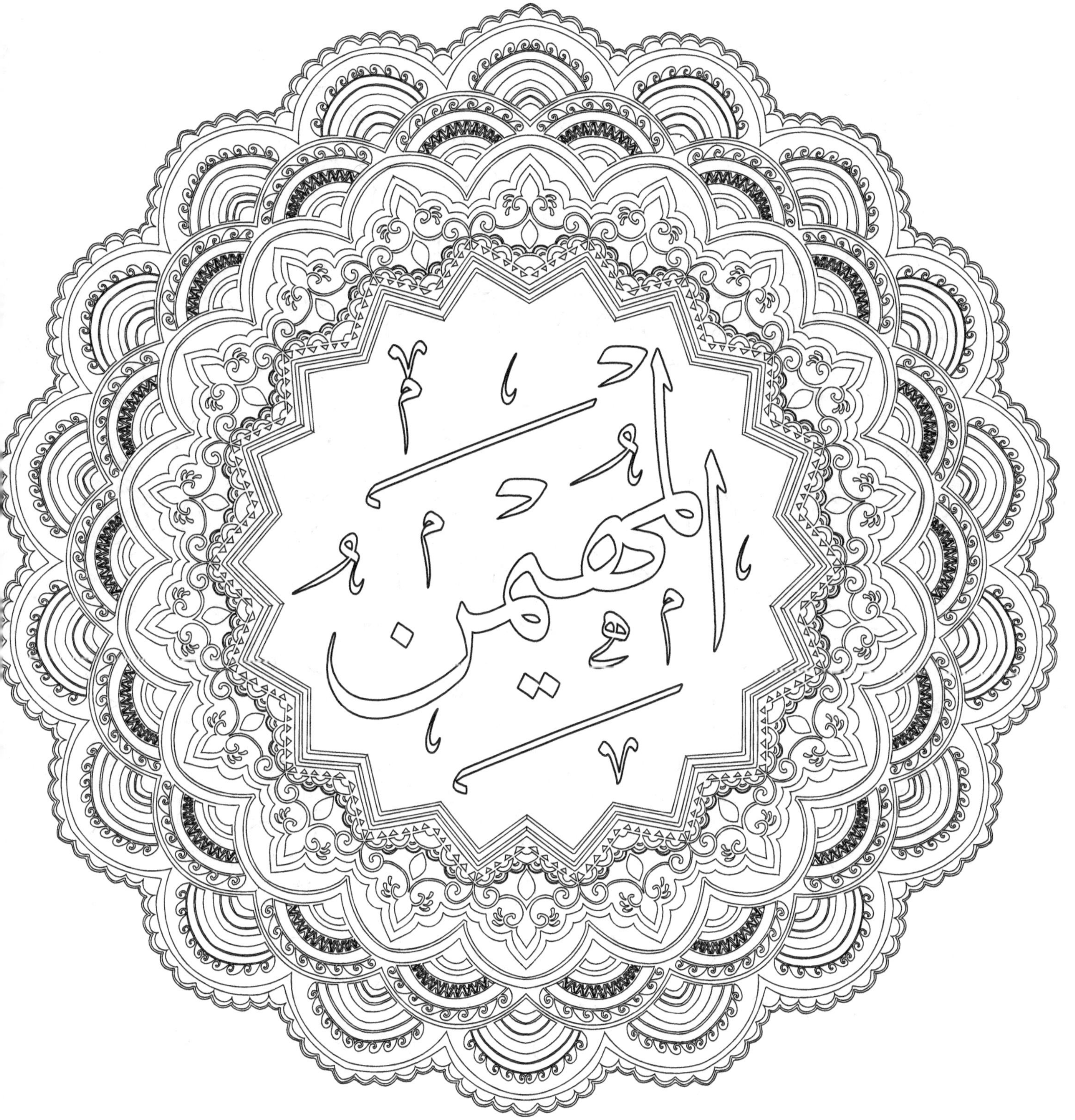
المهيمن

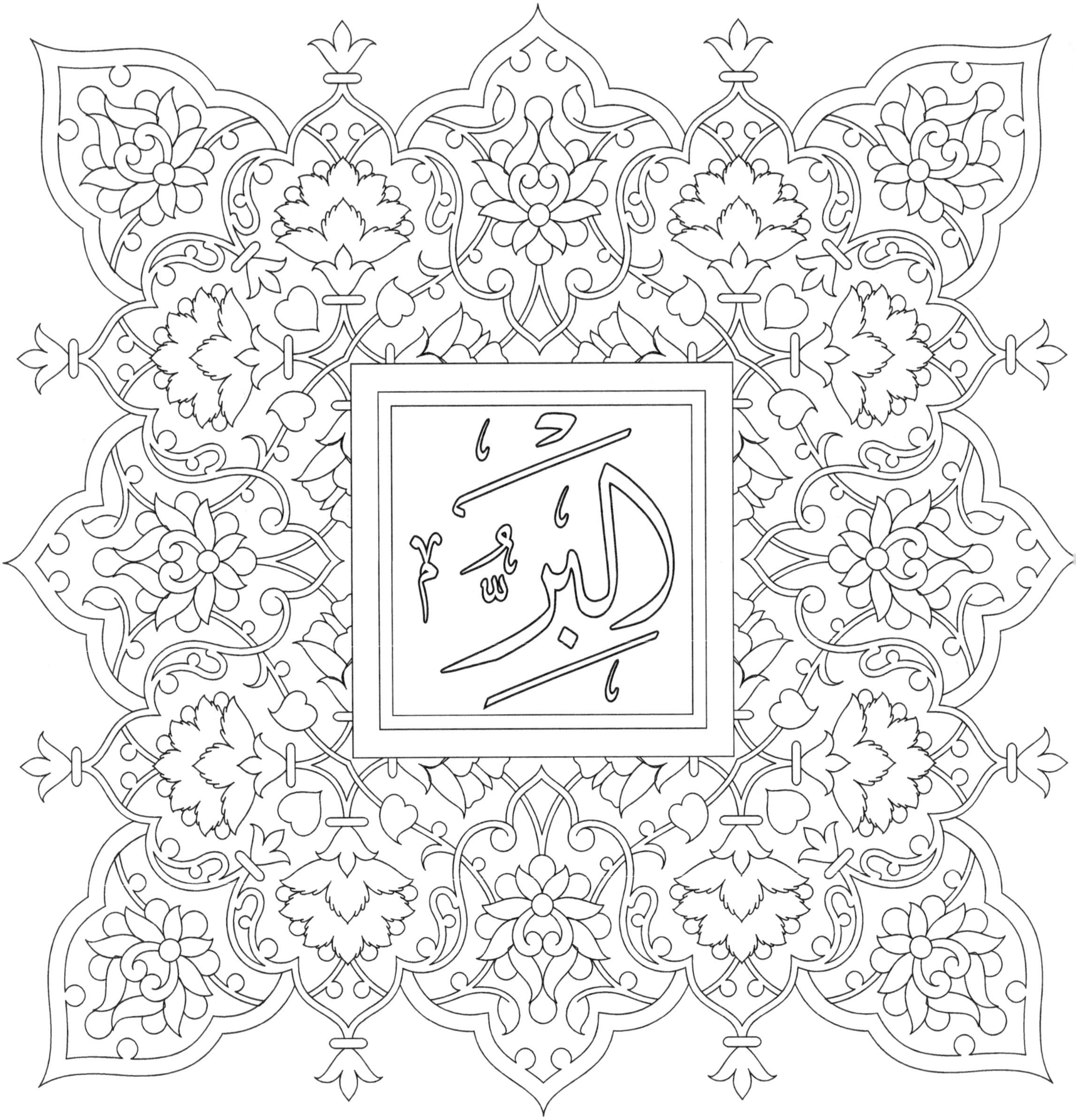
البر

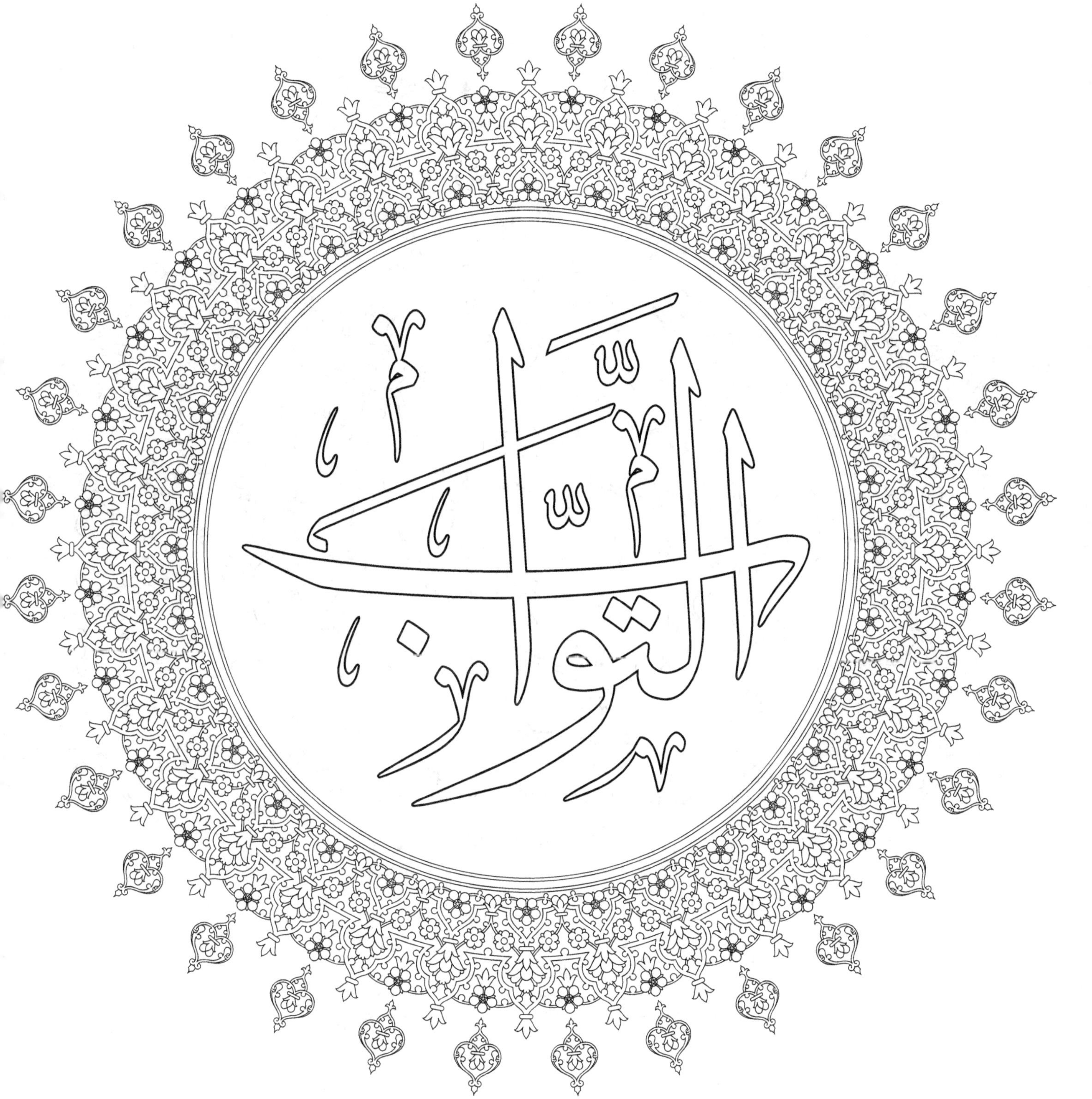
التواب

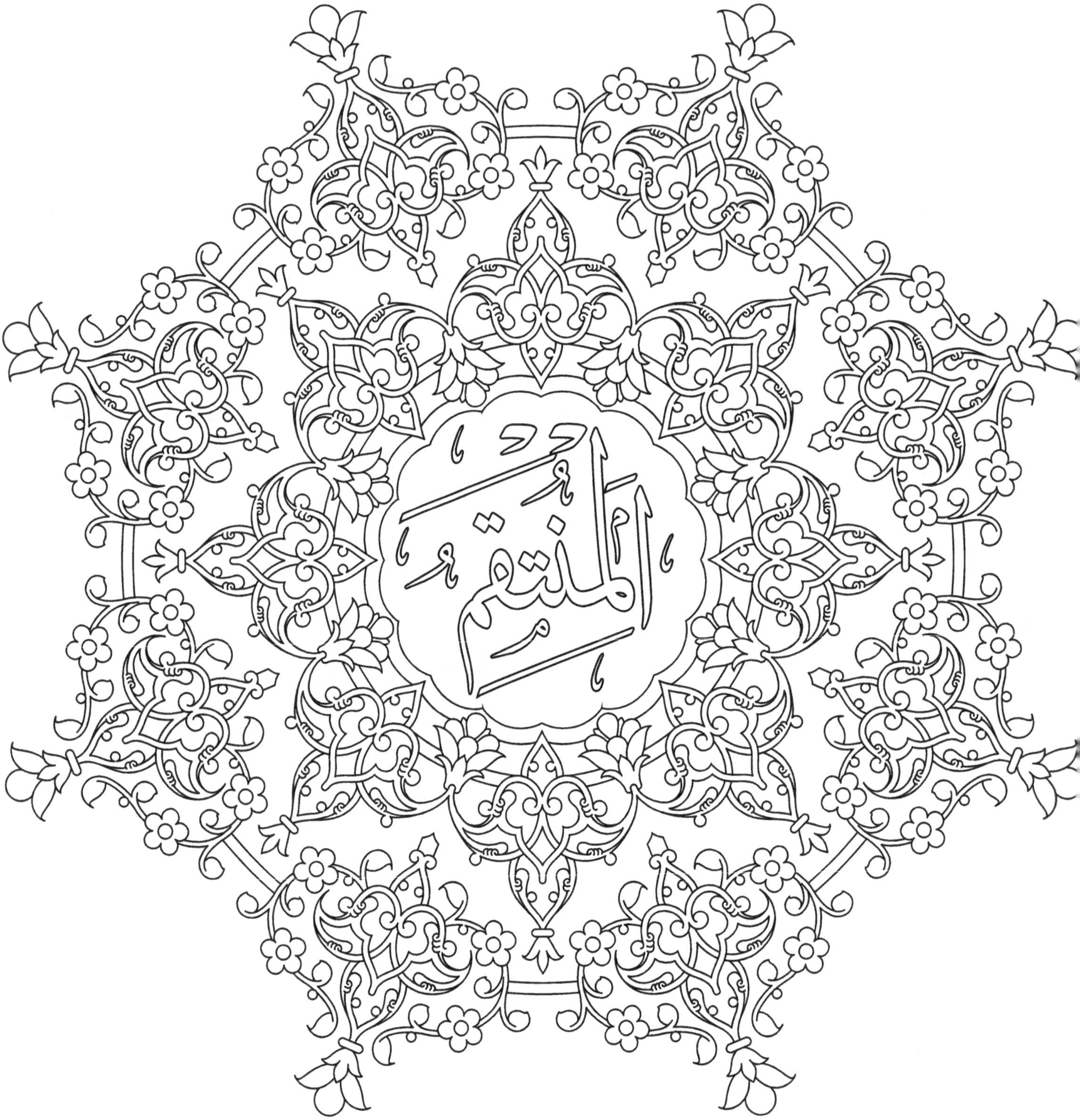
المنتقم

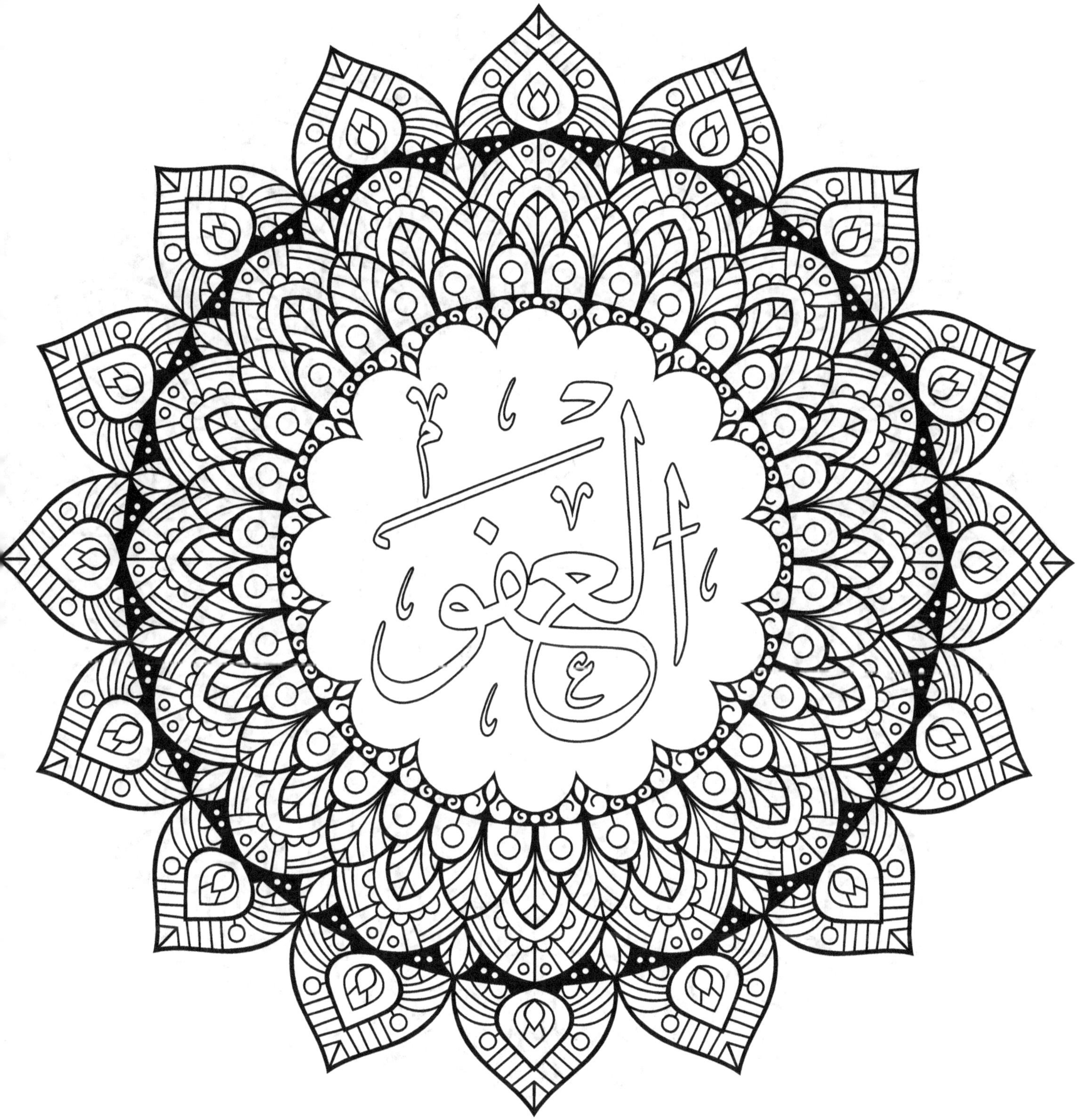
العفو

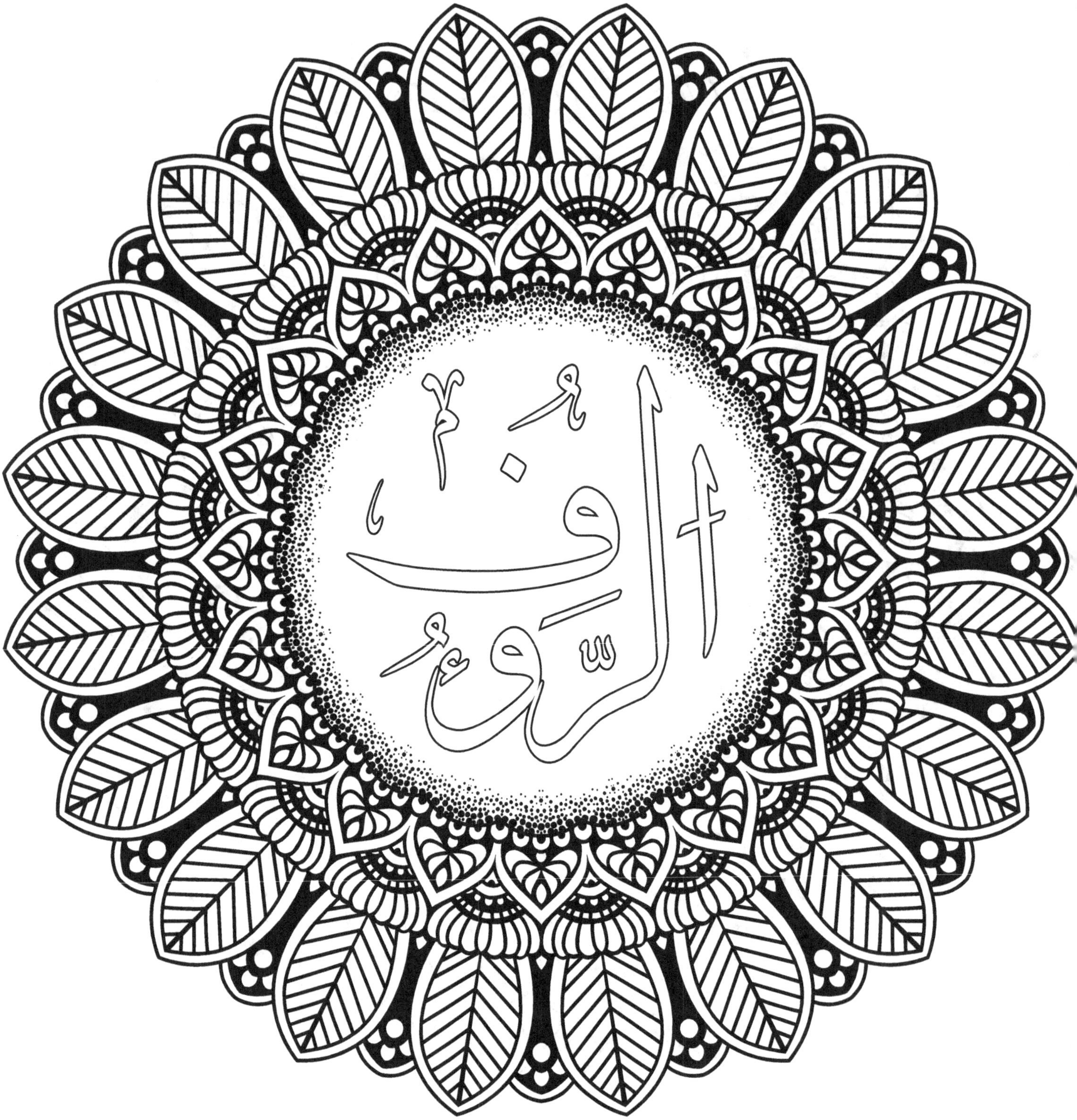
الرءوف

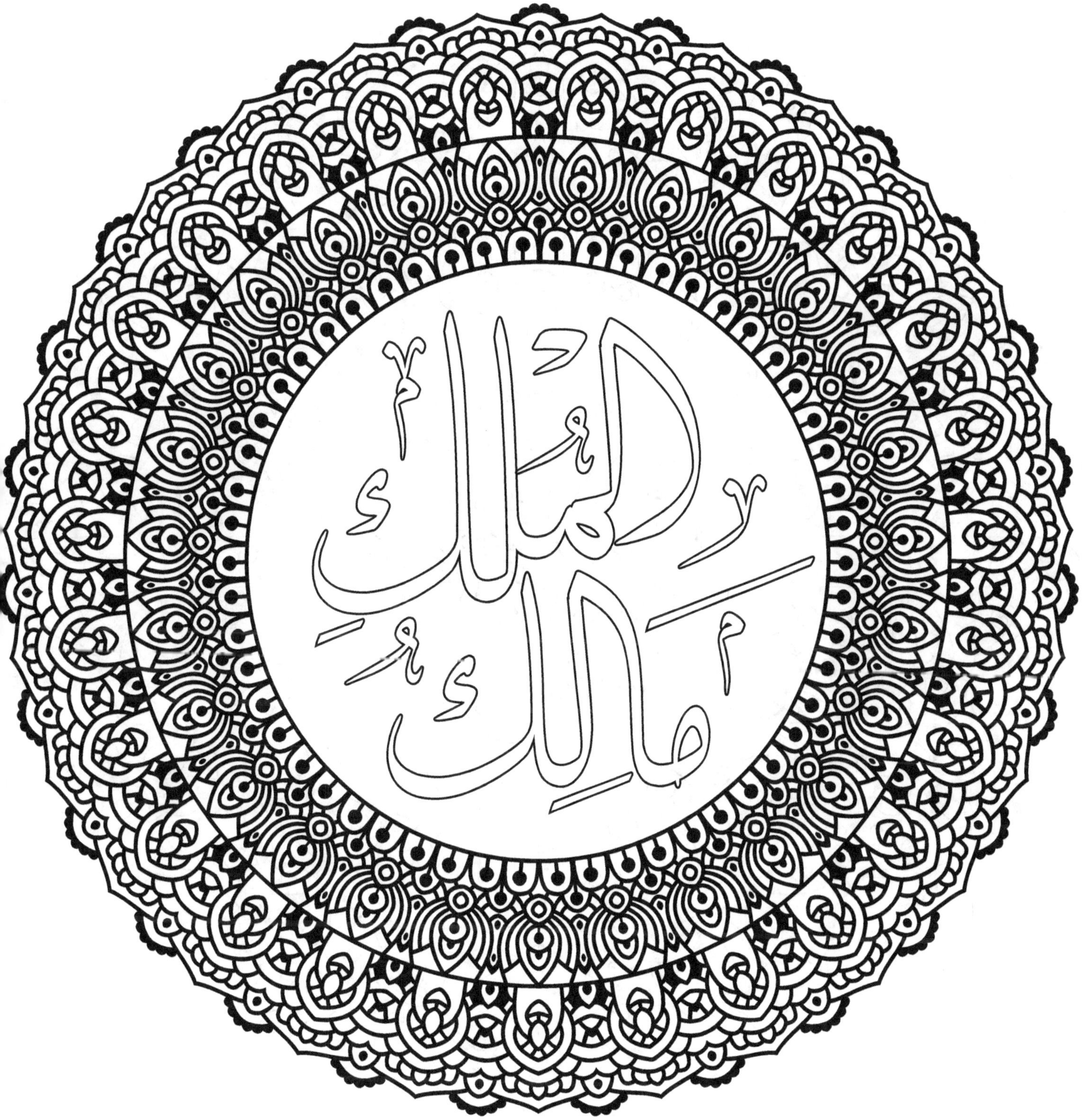
مَالِكُ الْمُلْكِ

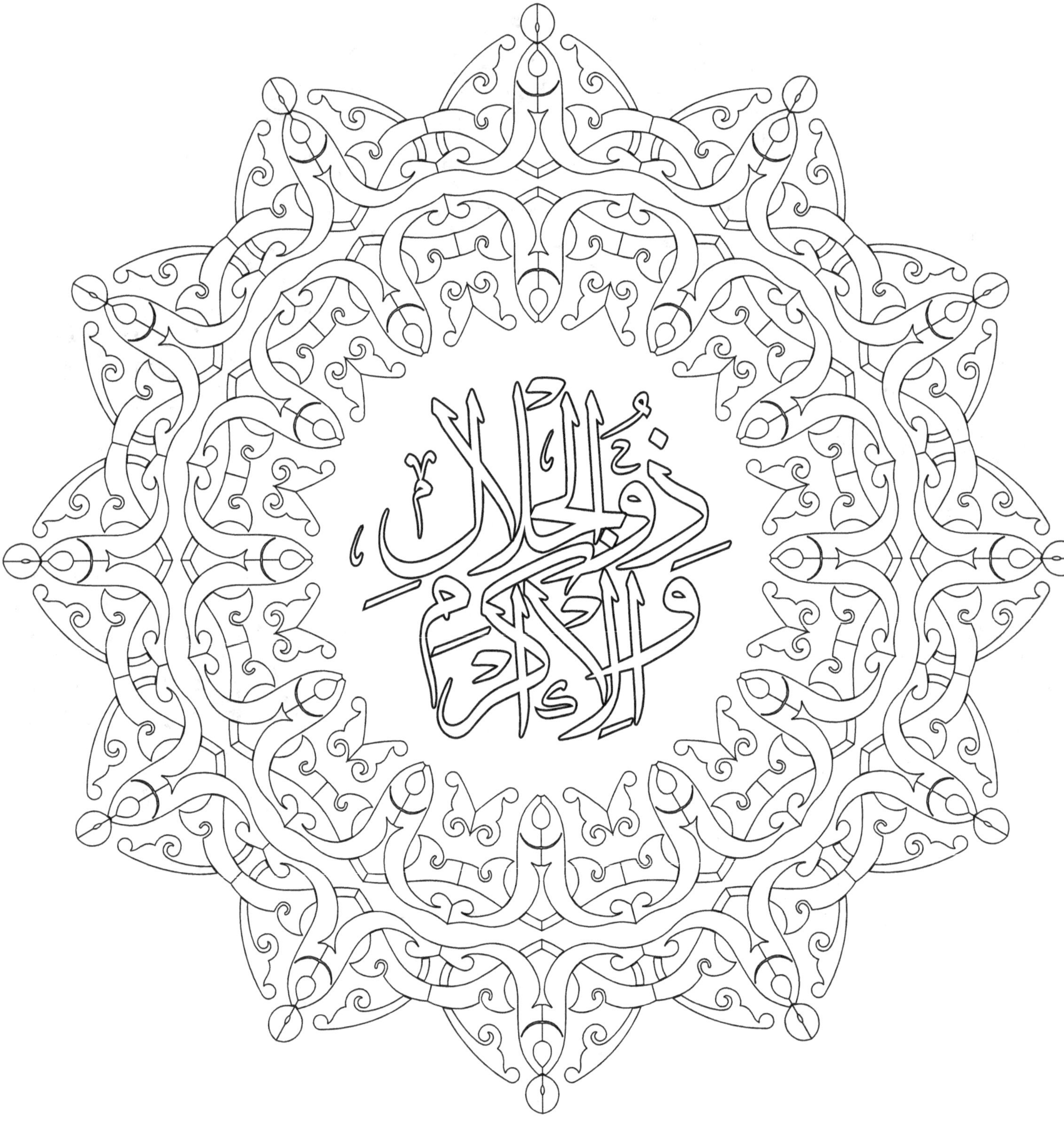
ذو الجلال والإكرام

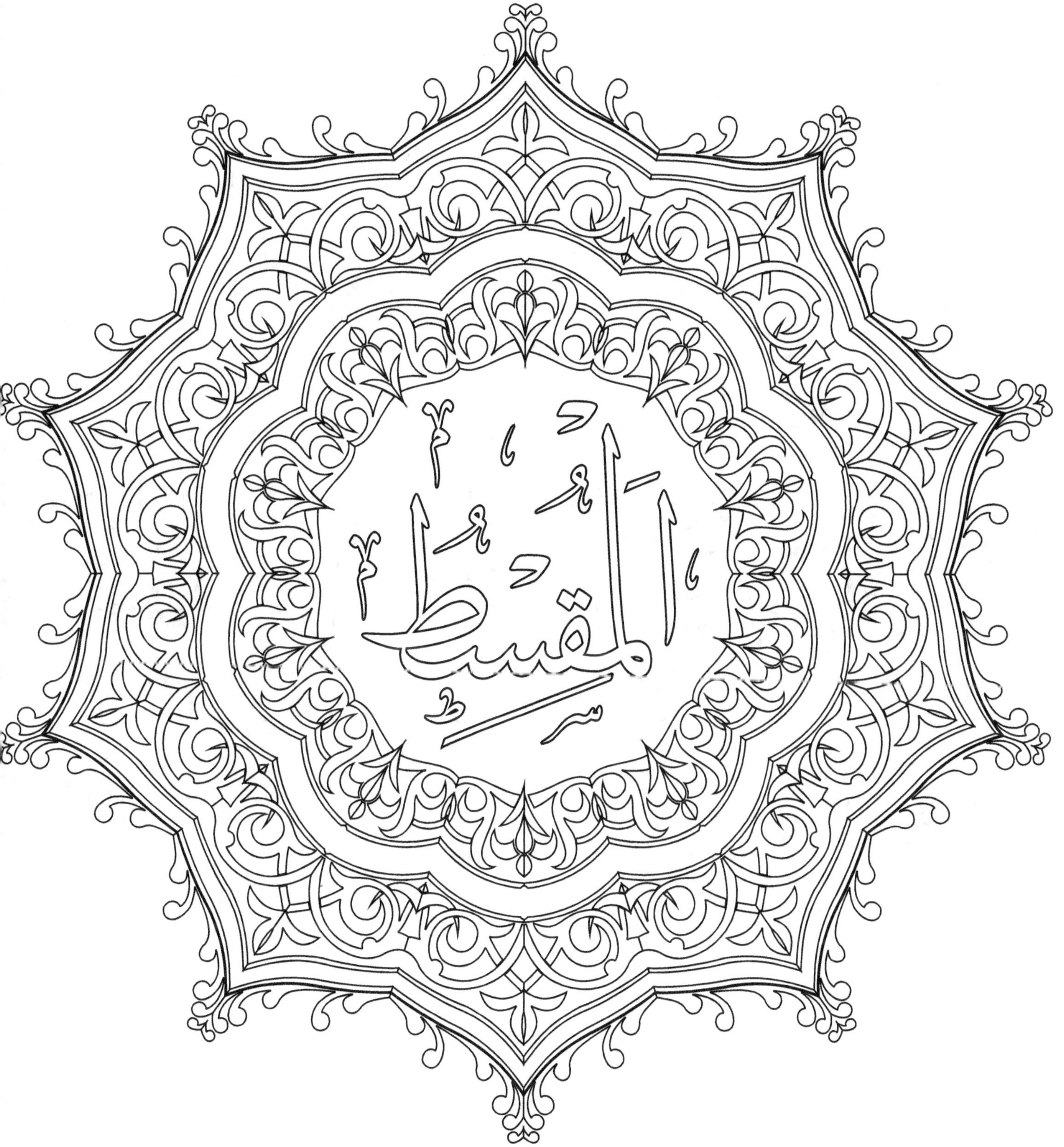
المقسط

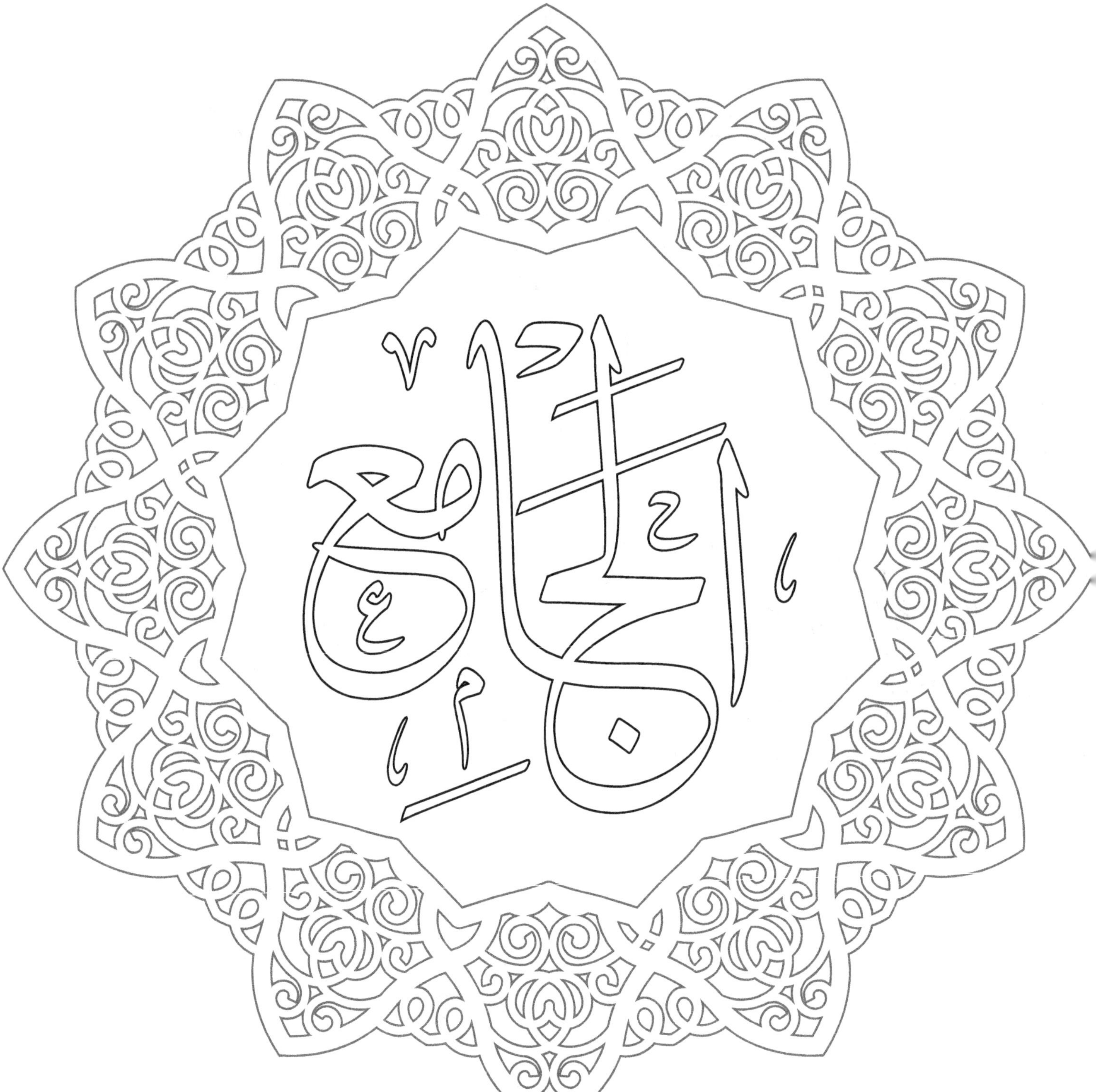
الجامع

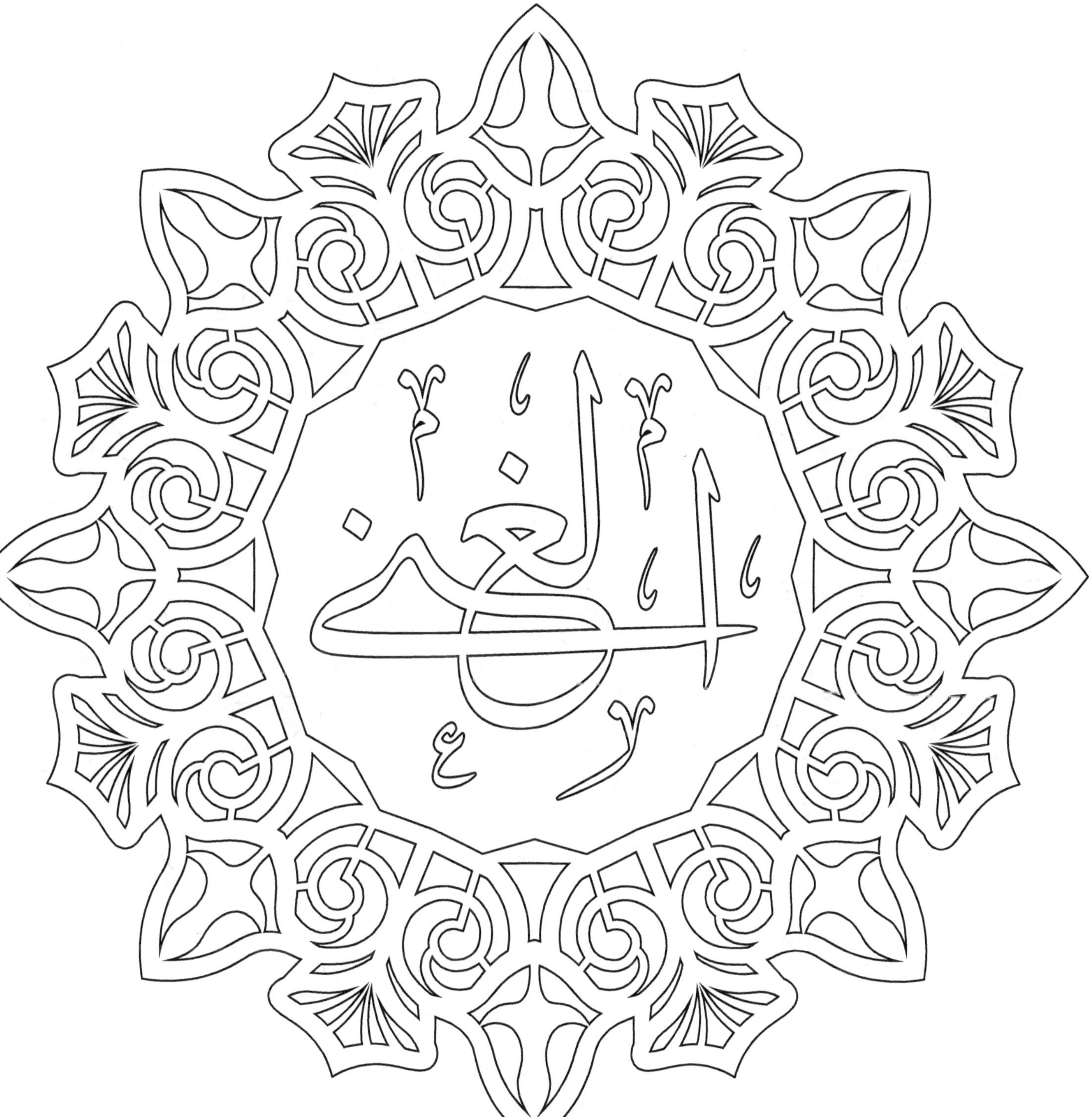
الغني

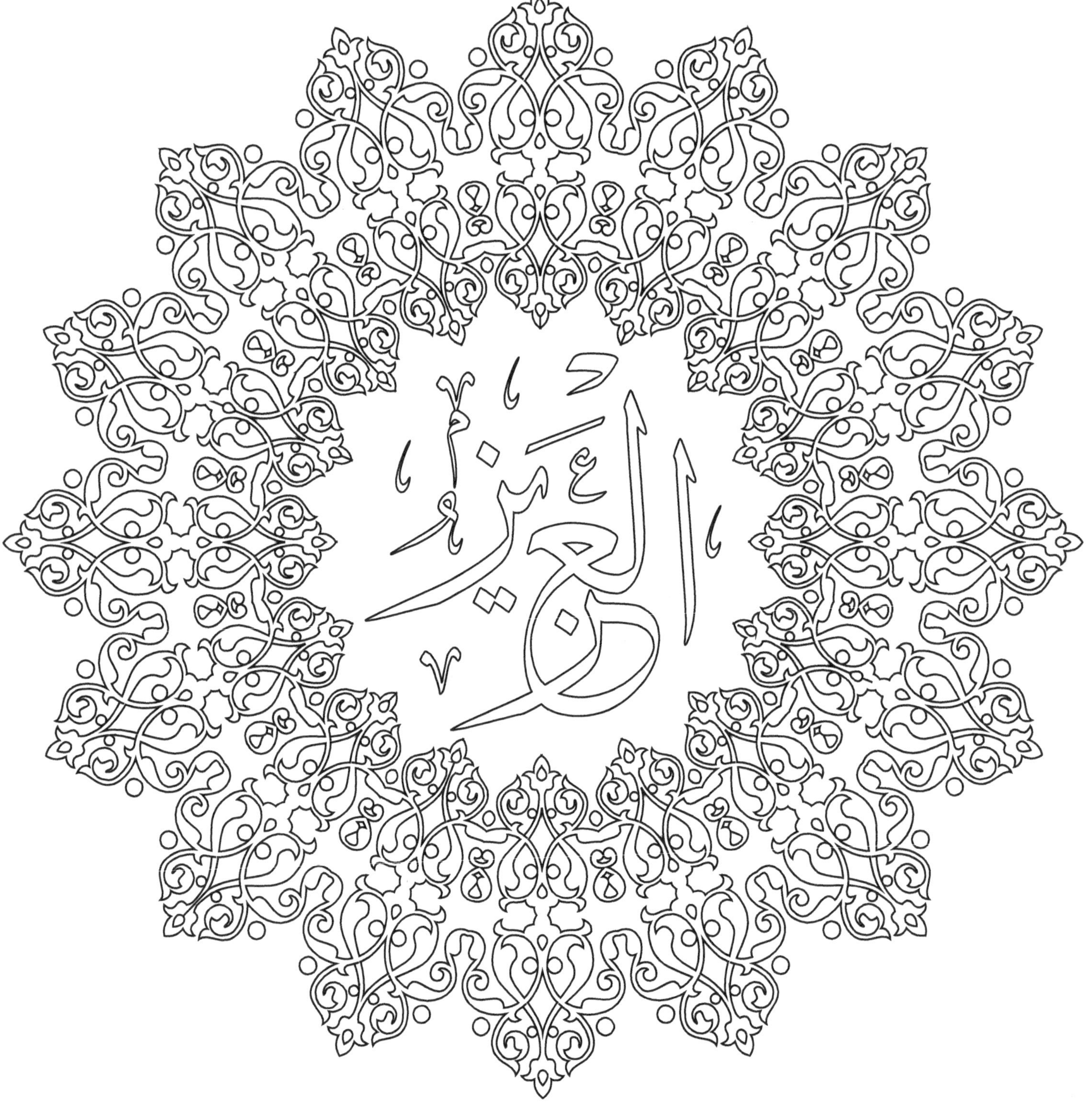
العزيز

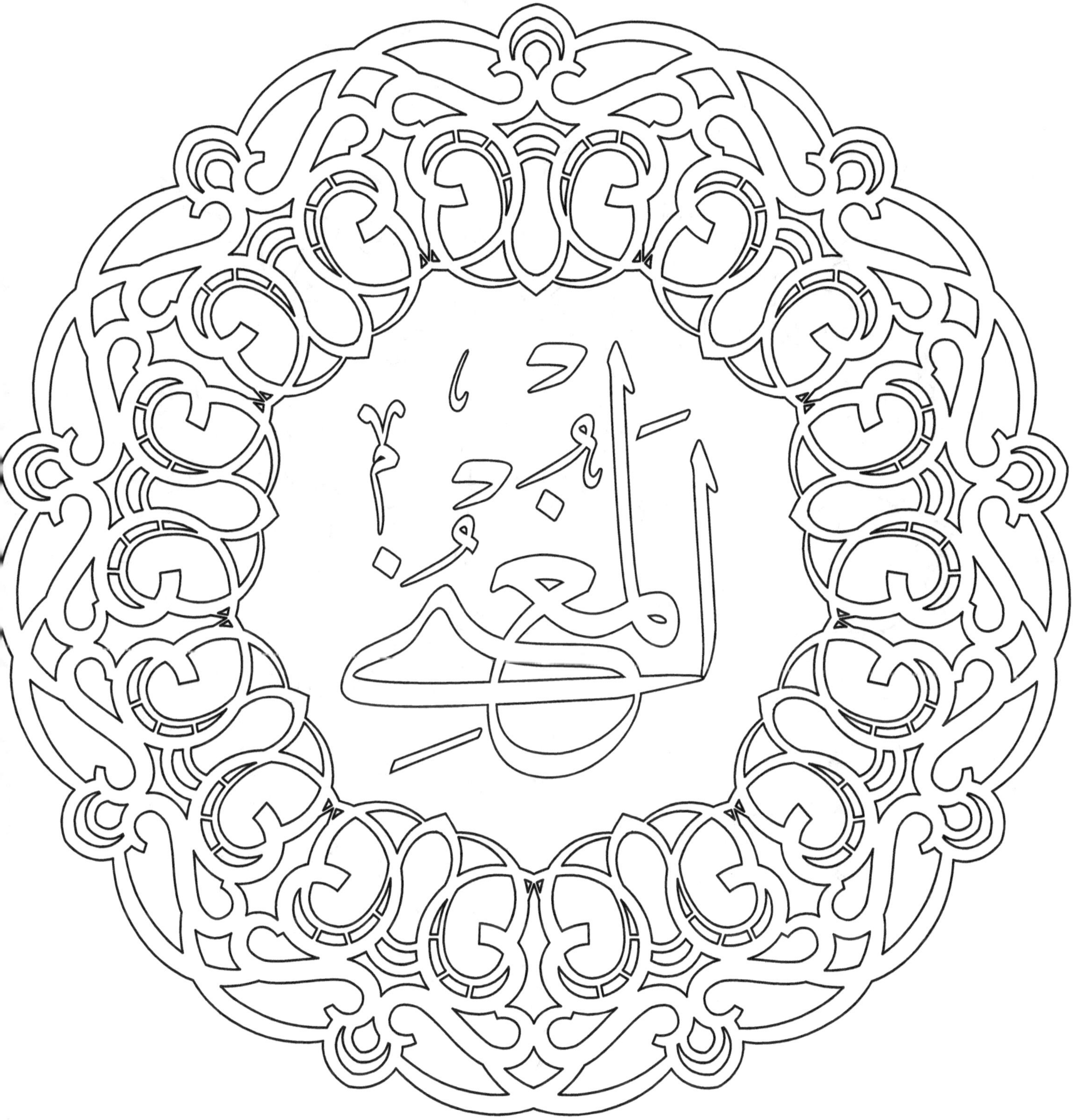
المُعِزُّ

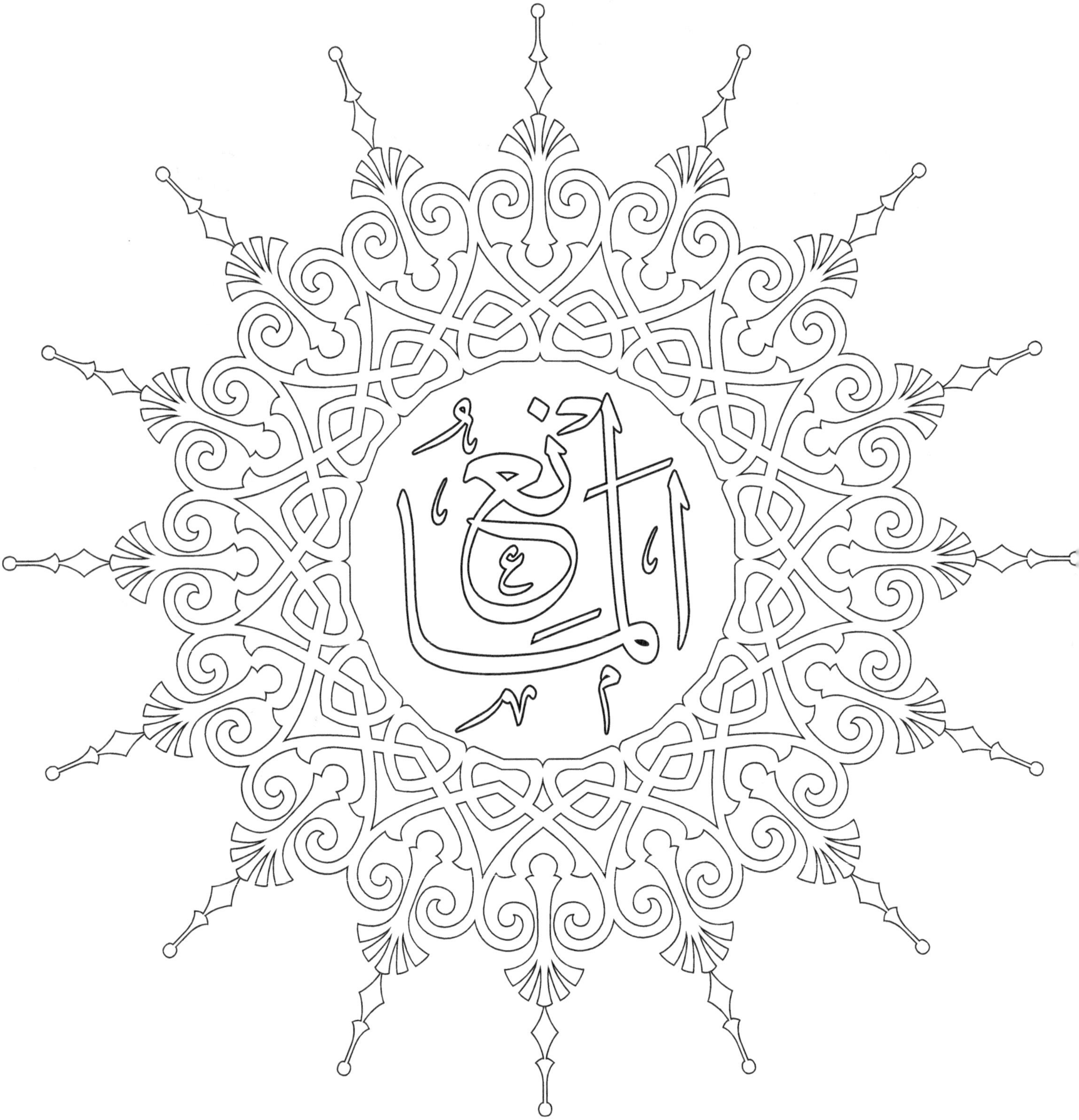
المانع

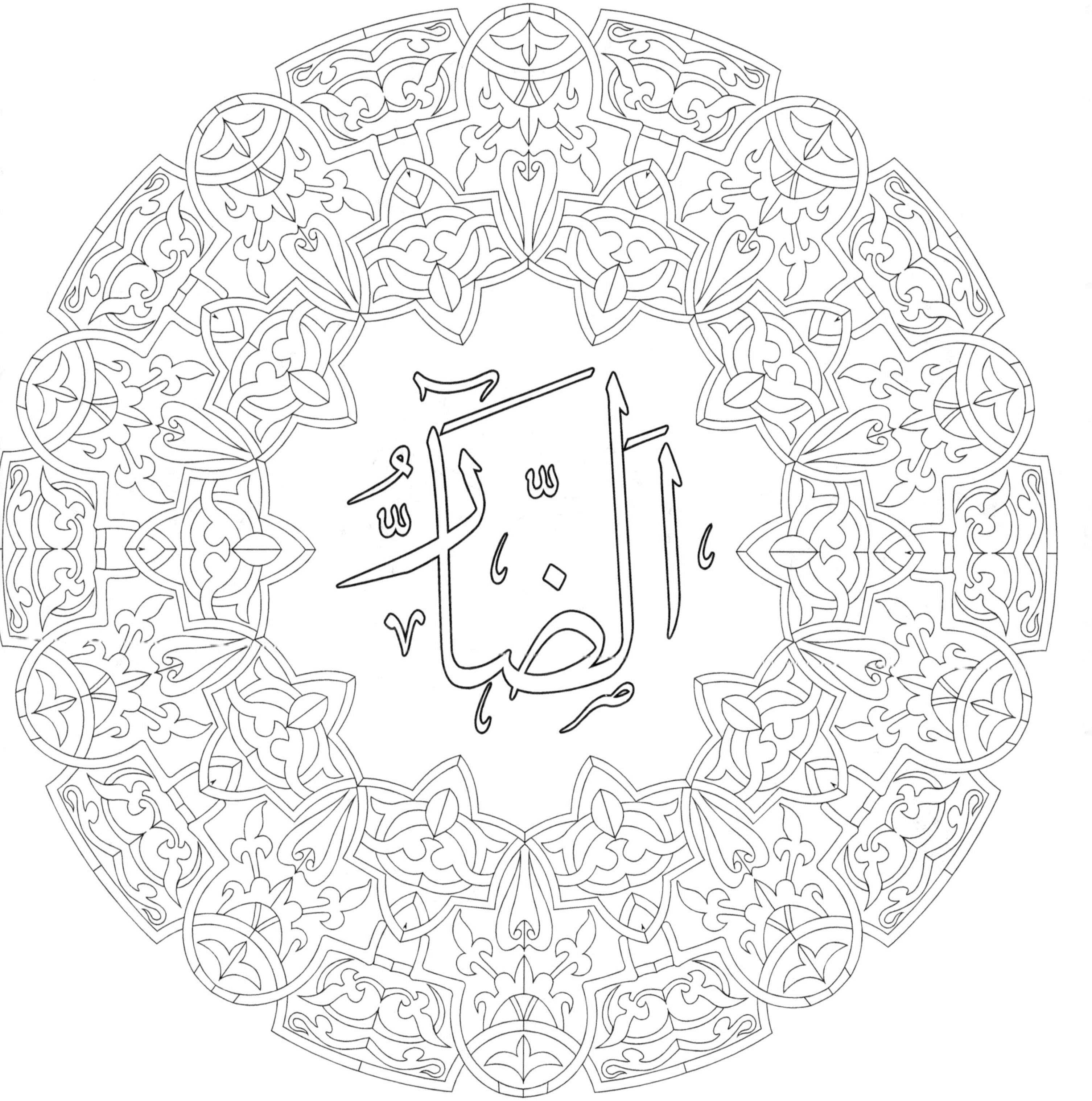
الضَّارُّ

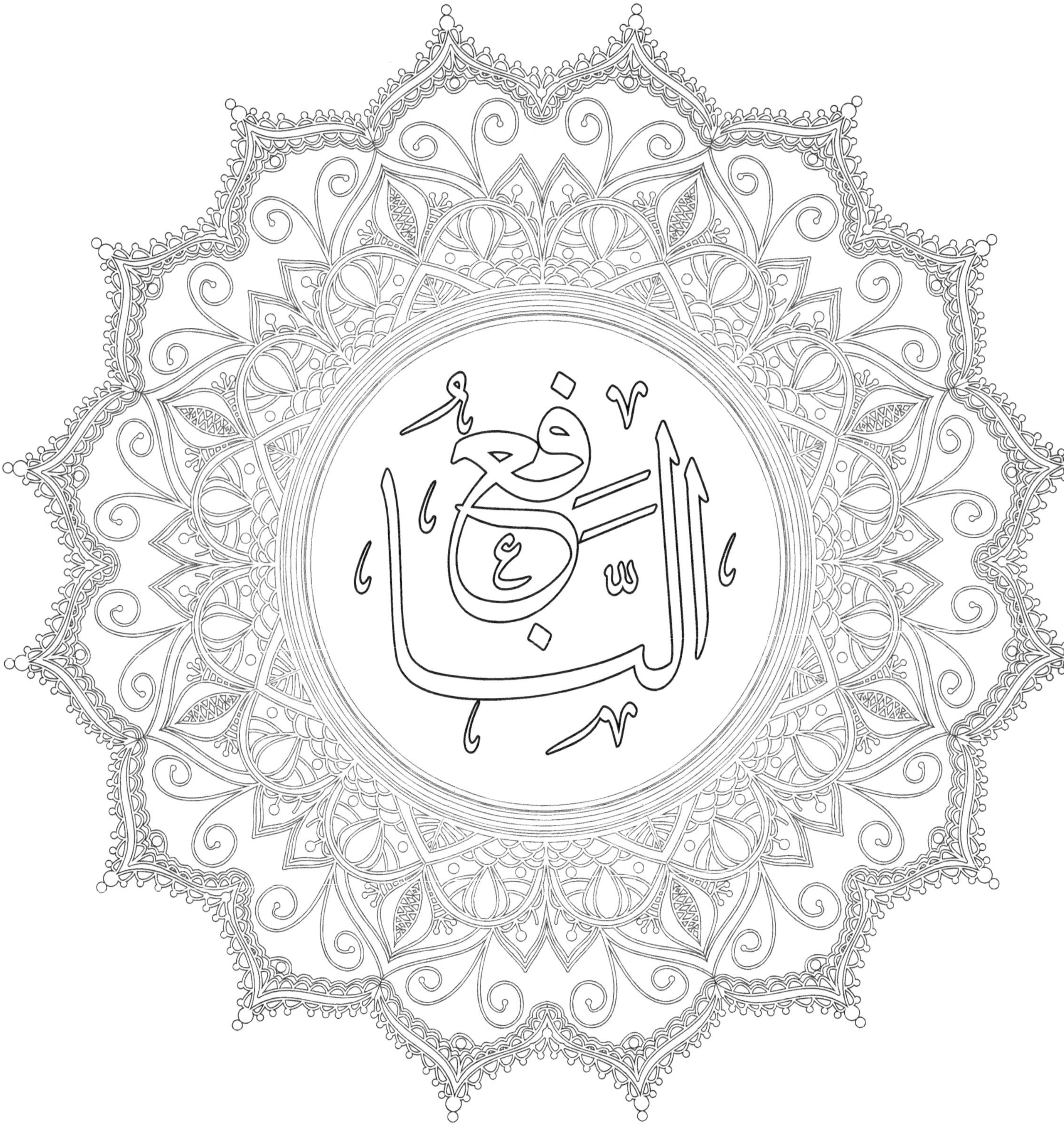

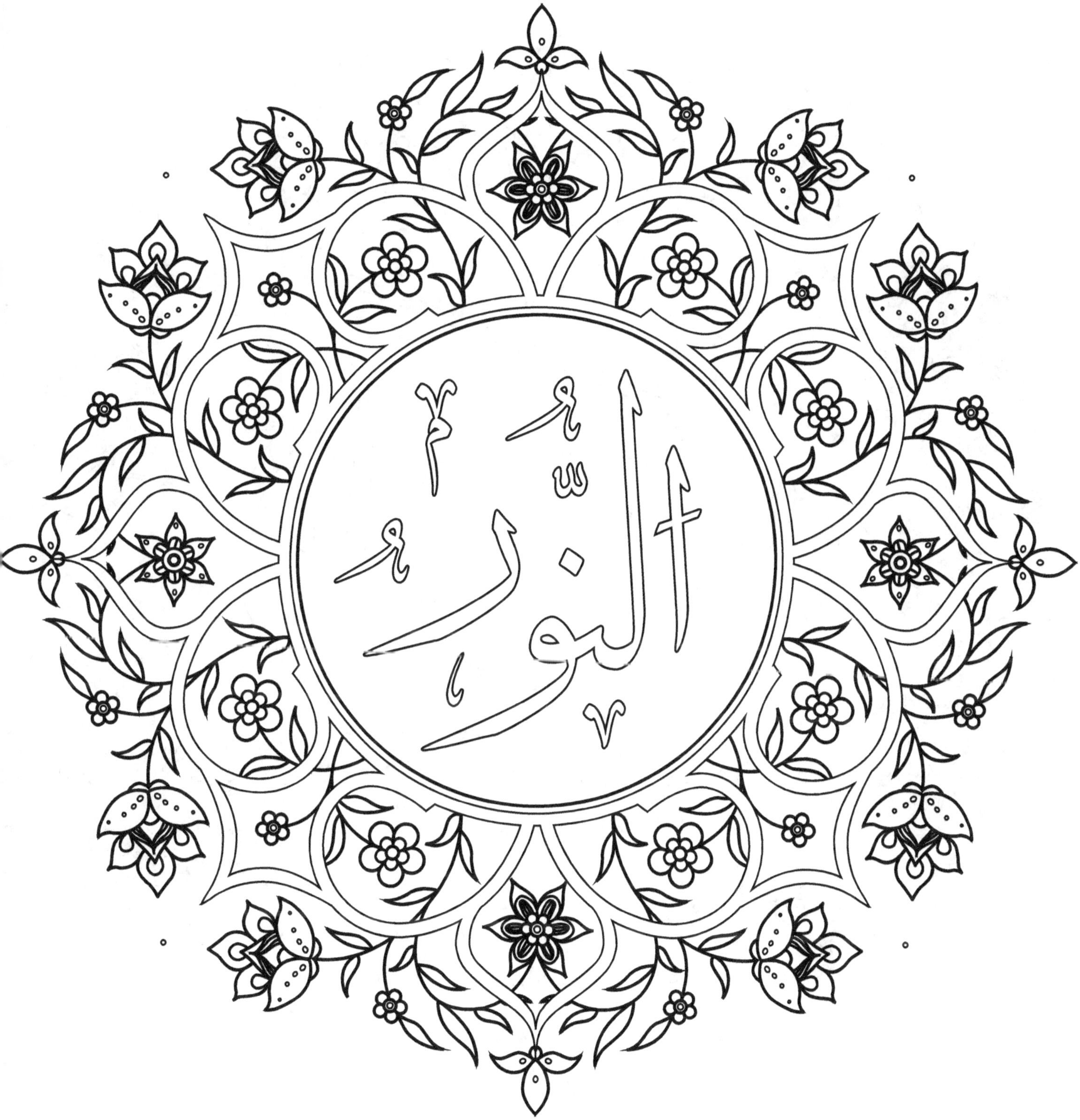
النُّورُ

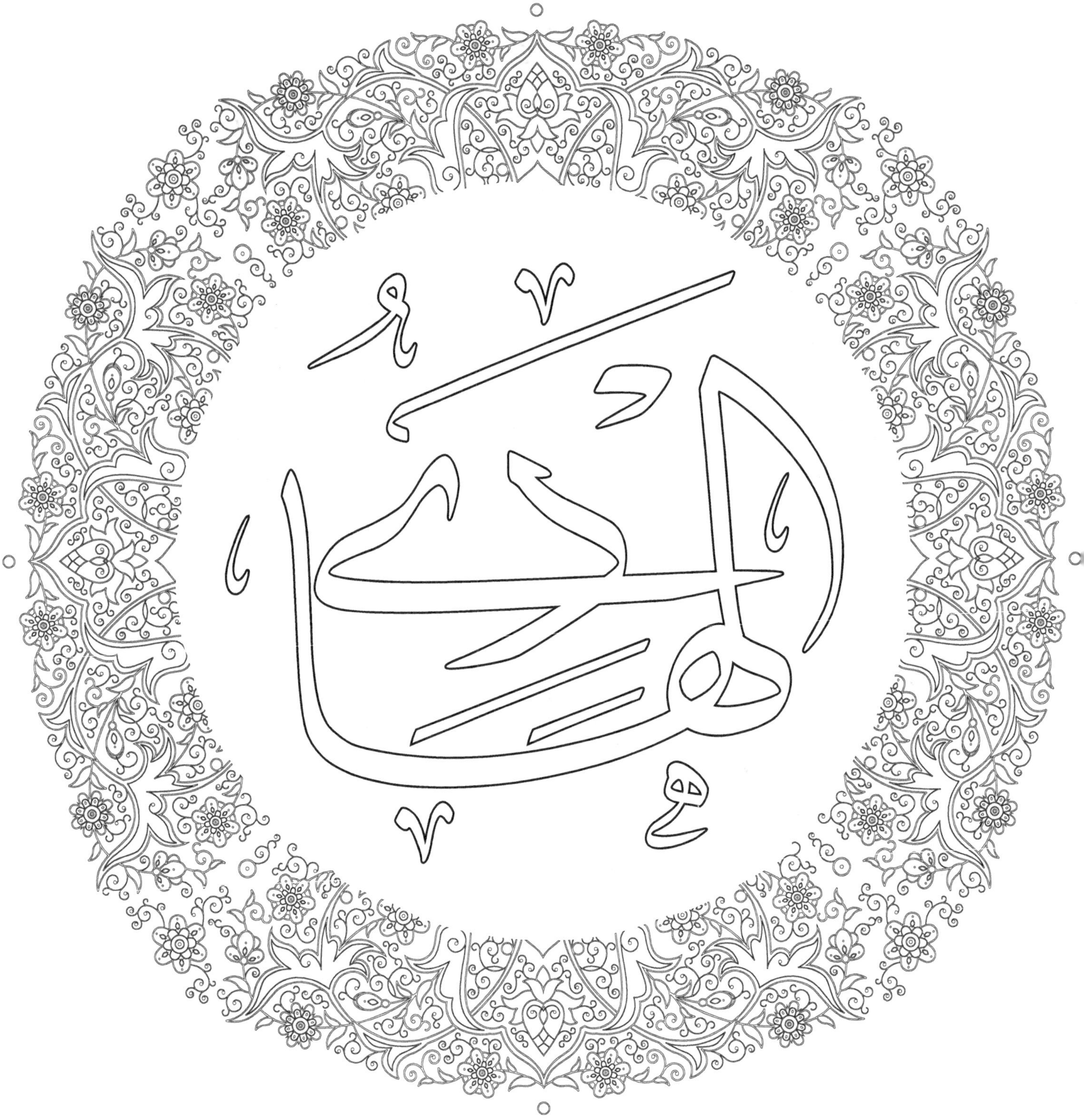
الهادي

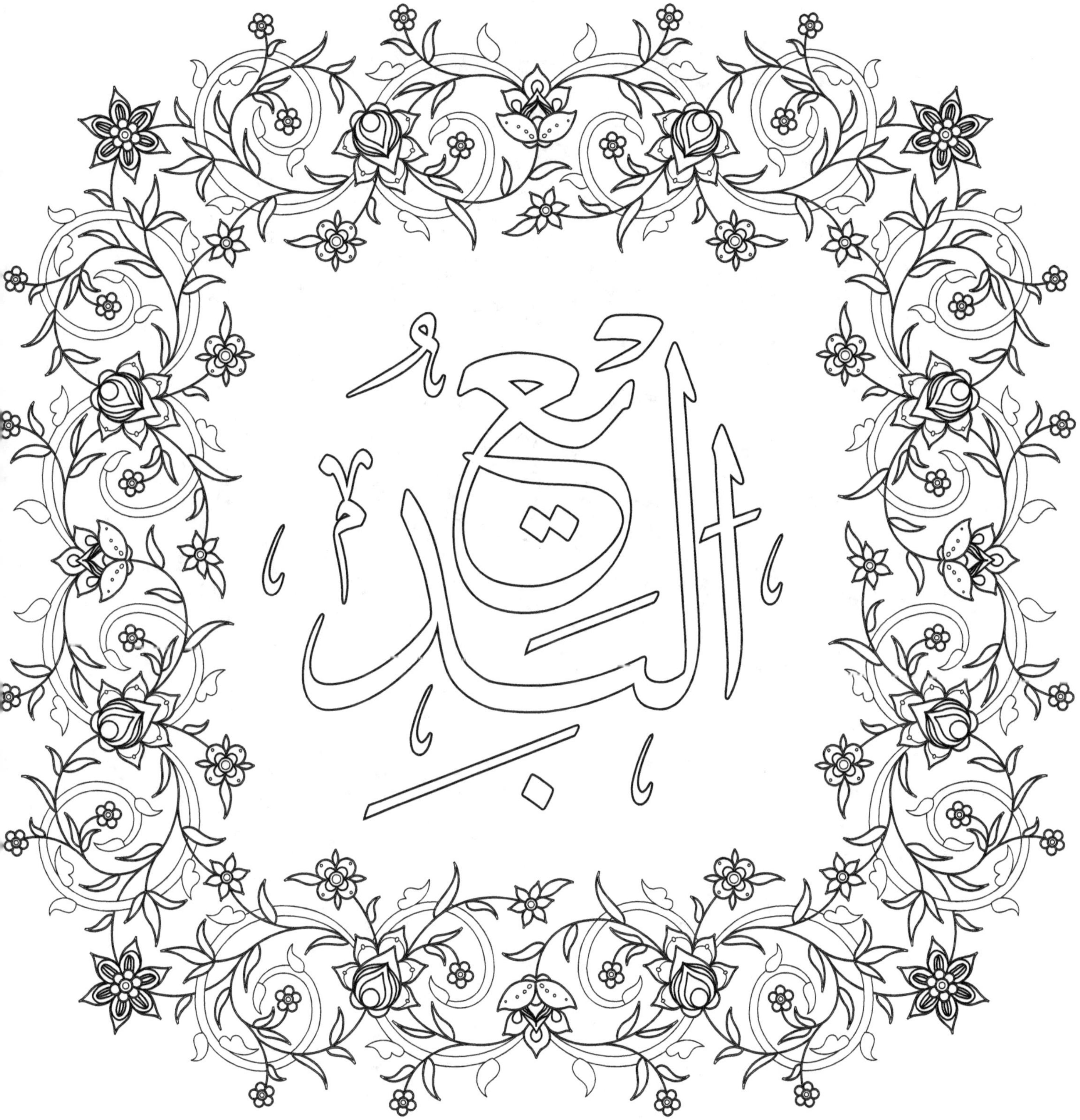
البديع

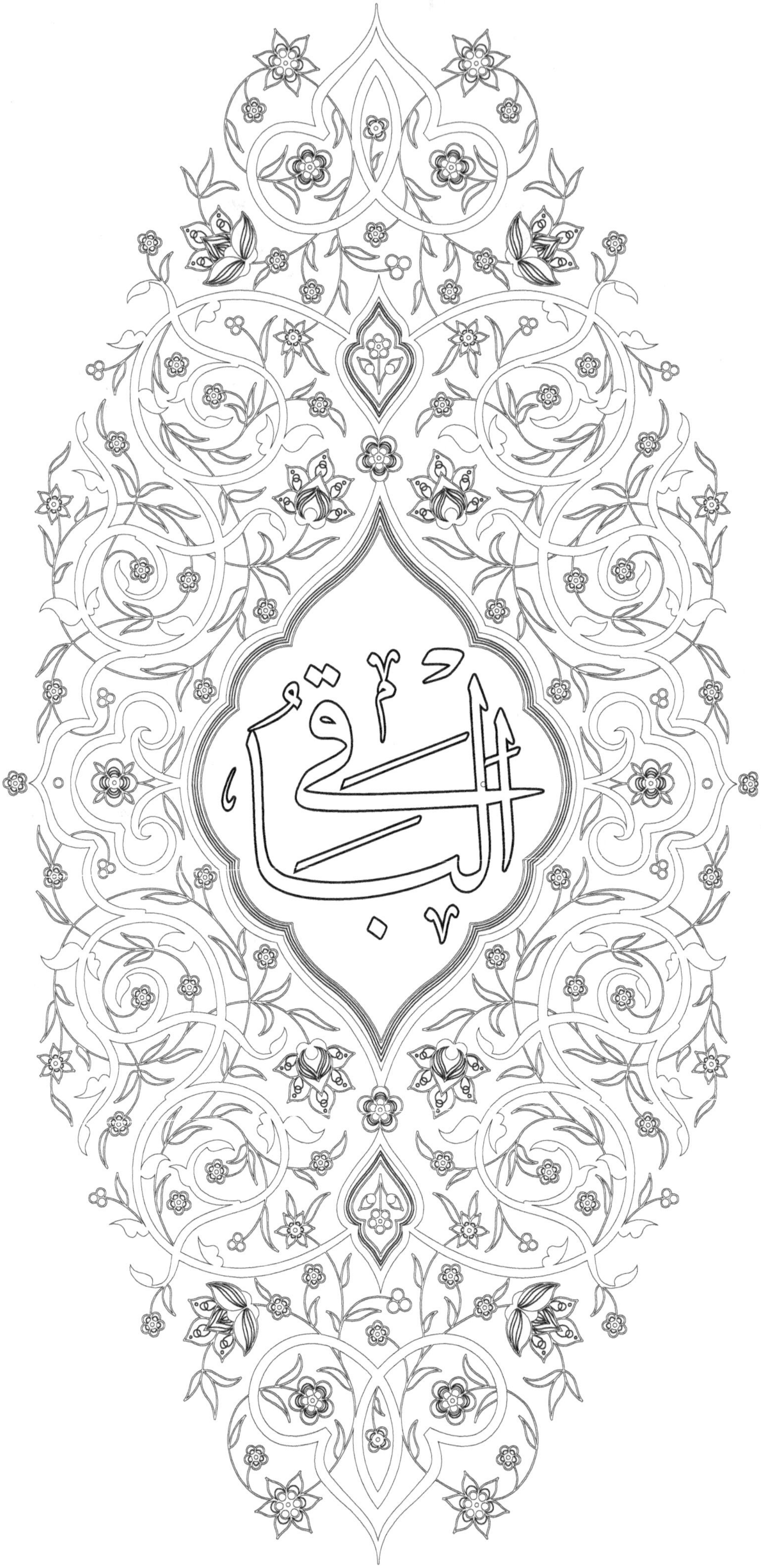
الباقي

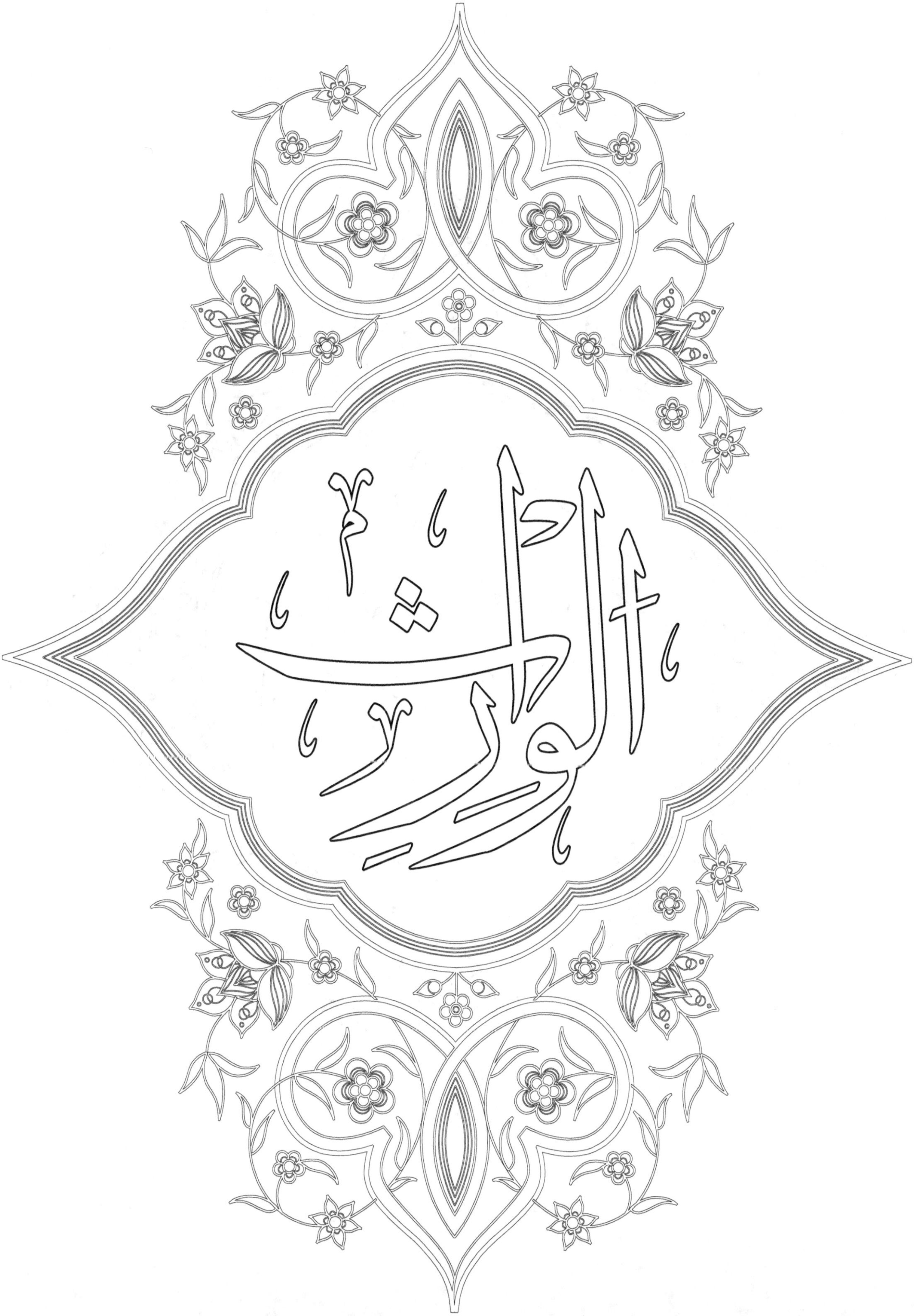
الوارث

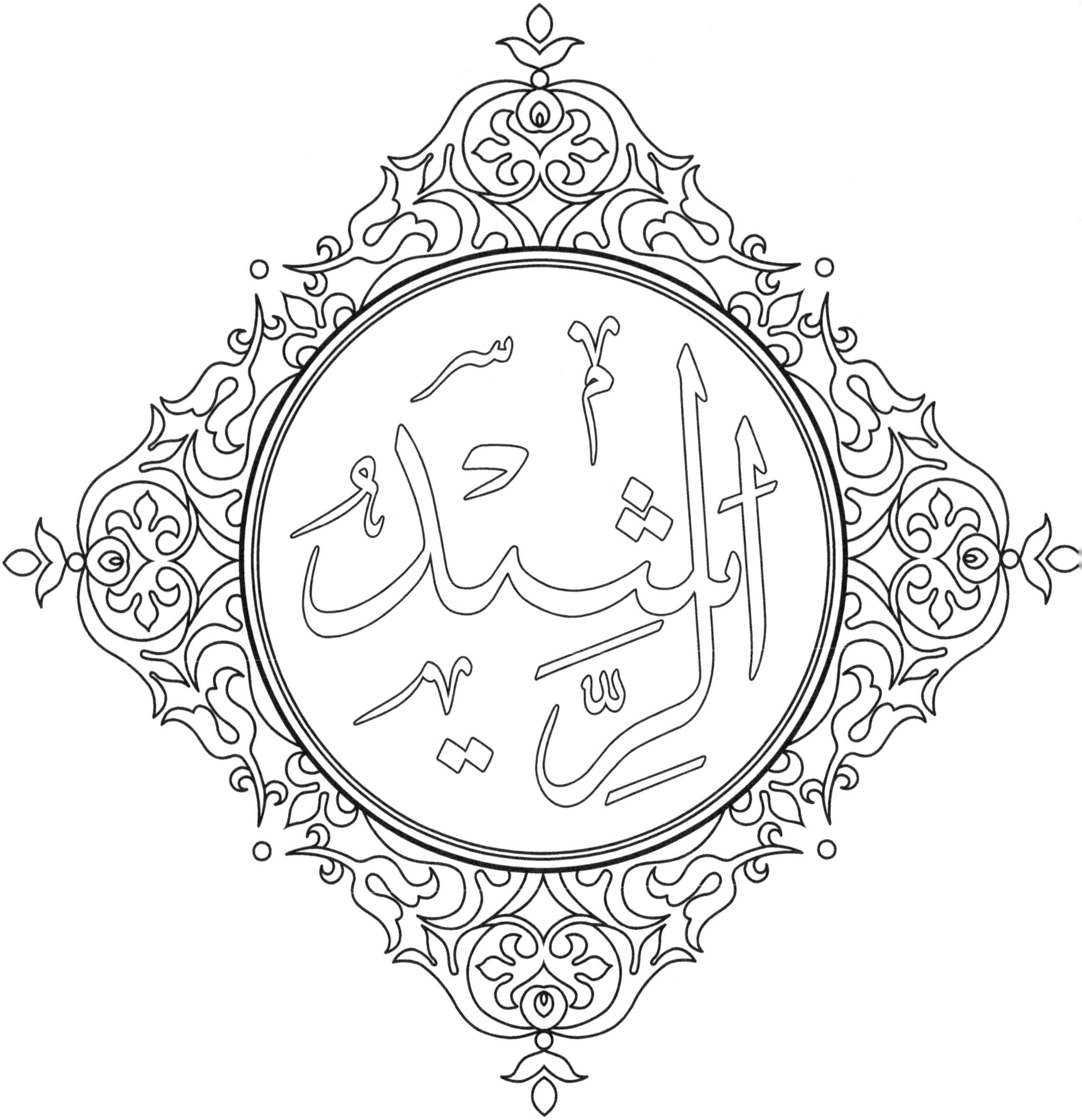
الرشيد

www.ingramcontent.com/pod-product-compliance
Lightning Source LLC
Chambersburg PA
CBHW082346220526
45470CB00008B/2665
* 9 7 8 1 9 7 9 8 2 2 2 2 0 *